GERON

ÉDITION DE BIBLIOPHILE

GUY DE MAUPASSANT

MLLE FIFI

Eau-forte par Just.

H.　K.

BRUXELLES
HENRY KISTEMAECKERS, ÉDITEUR
Tous droits absolument réservés.

MDCCCLXXXI.

Mlle FIFI

Just sc.

GUY DE MAUPASSANT

MLLE FIFI

Eau-forte par Just.

H. K.

BRUXELLES
HENRY KISTEMAECKERS, ÉDITEUR
Tous droits absolument réservés.

MDCCCLXXXII

MLLE FIFI

———

E major, commandant prus-
sien, comte de Farlsberg,
achevait de lire son cour-
rier, le dos au fond d'un grand fauteuil de tapisserie et ses pieds bottés
sur le marbre élégant de la cheminée, où ses éperons, depuis trois

mois qu'ils occupaient le château
d'Uville, avaient tracé deux trous
profonds, fouillés un peu plus tous
les jours.

Une tasse de café fumait sur un
guéridon de marqueterie maculé
par les liqueurs, brûlé par les
cigares, entaillé par le canif de
l'officier conquérant qui, parfois,
s'arrêtant d'aiguiser un crayon, tra-
çait sur le meuble gracieux des
chiffres ou des dessins, à la fantaisie
de son rêve nonchalant.

Quand il eut achevé ses lettres et
parcouru les journaux allemands
que son vaguemestre venait de lui
apporter, il se leva et, après avoir
jeté au feu trois ou quatre énormes
morceaux de bois vert, car ces messieurs abattaient peu à peu le parc

pour se chauffer, il s'approcha de la fenêtre.

La pluie tombait à flots ; une pluie normande qu'on aurait dit jetée par une main furieuse, une pluie en biais, épaisse comme un rideau, formant une sorte de mur à raies obliques, une pluie cinglante, éclaboussante, noyant tout, une vraie pluie des environs de Rouen, ce pot de chambre de la France.

L'officier regarda longtemps les pelouses inondées, et, là-bas, l'Andelle gonflée qui débordait ; et il tambourinait contre la vitre une valse du Rhin, quand un bruit le fit se retourner : c'était son second, le baron de Kelweingstein, ayant le grade équivalent à celui de capitaine.

Le major était un géant, large
d'épaules, orné d'une longue barbe
en éventail formant nappe sur sa
poitrine; et toute sa grande personne solennelle éveillait l'idée d'un
paon militaire, un paon qui aurait
porté sa queue déployée à son menton. Il avait des yeux bleus, froids
et doux, une joue fendue d'un coup
de sabre dans la guerre d'Autriche;
et on le disait brave homme autant
que brave officier.

Le capitaine, un petit rougeaud à
gros ventre, sanglé de force, portait
presque ras son poil ardent, dont
les fils de feu auraient fait croire,
quand ils se trouvaient sous certains reflets, sa figure frottée de
phosphore. Deux dents perdues dans
une nuit de noce, sans qu'il sût au

juste comment, lui faisaient cracher
des paroles épaisses, qu'on n'entendait pas toujours ; et il était chauve
du sommet du crâne seulement,
tonsuré comme un moine, avec une
toison de petits cheveux frisés,
dorés et luisants, autour de ce cer-
ceau de chair nue.

Le commandant lui serra la main,
et il avala d'un trait sa tasse de
café, (la sixième depuis le matin), en
écoutant le rapport de son subor-
donné sur les incidents survenus
dans le service ; puis tous deux se
rapprochèrent de la fenêtre en
déclarant que ce n'était pas gai. Le
major, homme tranquille, marié
chez lui, s'accommodait de tout ;
mais le baron-capitaine, viveur
tenace, coureur de bouges, forcené

1.

trousseur de filles, rageait d'être
enfermé depuis trois mois dans la
chasteté obligatoire de ce poste
perdu.

Comme on grattait à la porte le
commandant cria d'ouvrir, et un
homme, un de leurs soldats auto-
mates, apparut dans l'ouverture,
disant par sa seule présence que le
déjeuner était prêt.

Dans la salle ils trouvèrent les
trois officiers de moindre grade : un
lieutenant, Otto de Grossling; deux
sous-lieutenants, Fritz Scheunau-
bourg et le marquis Wilhem d'Eyrik,
un tout petit blondin fier et brutal
avec les hommes, dur aux vaincus,
et violent comme une arme à feu.

Depuis son entrée en France, ses
camarades ne l'appelaient plus que

mademoiselle Fifi. Ce surnom lui
venait de sa tournure coquette, de
sa taille fine qu'on aurait dit tenue
en un corset, de sa figure pâle où
sa naissante moustache apparaissait
à peine, et aussi de l'habitude qu'il
avait prise, pour exprimer son sou-
verain mépris des êtres et des choses,
d'employer à tout moment la locu-
tion française — *fi, fi donc*, qu'il
prononçait avec un léger sifflement.

La salle à manger du château
d'Uville était une longue et royale
pièce dont les glaces de cristal ancien, étoilées de balles, et les hautes
tapisseries des Flandres, tailladées
à coups de sabre et pendantes par
endroits, disaient les occupations de

mademoiselle Fifi, en ses heures de
désœuvrement.

Sur les murs, trois portraits de
famille, un guerrier vêtu de fer, un
cardinal et un président fumaient
de longues pipes de porcelaine; tandis
qu'en son cadre dédoré par les ans,
une noble dame à poitrine serrée
montrait d'un air arrogant une
énorme paire de moustaches faite
au charbon.

Et le déjeuner des officiers s'écoula
presque en silence dans cette pièce
mutilée, assombrie par l'averse, at-
tristante par son aspect vaincu, et
dont le vieux parquet de chêne était
devenu sordide comme un sol de ca-
baret.

A l'heure du tabac, quand ils com-
mencèrent à boire, ayant fini de

manger, il se mirent, de même que
chaque jour, à parler de leur ennui.
Les bouteilles de cognac et de liqueurs passaient de main en main;
et tous, renversés sur leurs chaises,
absorbaient à petits coups répétés,
en gardant au coin de la bouche le
long tuyau courbé que terminait
l'œuf de faïence, toujours peintur-
luré comme pour séduire des Hot-
tentots.

Dès que leur verre était vide ils
le remplissaient avec un geste de
lassitude résignée. Mais mademoiselle Fifi cassait à tout moment le
sien, et un soldat immédiatement
lui en présentait un autre.

Un brouillard de fumée âcre les
noyait; et ils semblaient s'enfoncer
dans une ivresse endormie et triste,

dans cette saoulerie morne des gens
qui n'ont rien à faire.

Mais le baron, soudain, se re-
dressa. Une révolte le secouait; il
jura : « Nom de Dieu, ça ne peut
pas durer, il faut inventer quelque
chose, à la fin. »

Ensemble le lieutenant Otto et le
sous - lieutenant Fritz, deux Allemands doués éminemment de physionomies allemandes lourdes et
graves, répondirent : « Quoi, mon
capitaine ? »

Il réfléchit quelques secondes, puis
reprit : « Quoi ? Eh bien, il faut
organiser une fête, si le commandant le permet. »

Le major quitta sa pipe : « Quelle
fête, capitaine ? »

Le baron s'approcha : « Je me

charge de tout, mon commandant.
J'enverrai à Rouen *Le Devoir* qui
nous ramènera des dames ; je sais
où les prendre. On préparera ici un
souper; rien ne manque d'ailleurs;
et, au moins, nous passerons une
bonne soirée. »

Le comte de Farlsberg haussa les
épaules en souriant : « Vous êtes
fou, mon ami. »

Mais tous les officiers s'étaient
levés, entouraient leur chef, le
suppliaient : — « Laissez faire le
capitaine, mon commandant, c'est si
triste ici. »

A la fin, le major céda : « Soit, »
dit-il; et aussitôt le baron fit appeler *Le Devoir*. C'était un vieux
sous-officier qu'on n'avait jamais vu
rire, mais qui accomplissait fana-

tiquement tous les ordres de ses chefs, quels qu'ils fussent.

Debout, avec sa figure impassible, il reçut les instructions du baron; puis il sortit; et, cinq minutes plus tard, une grande voiture du train militaire, couverte d'une bâche de meunier tendue en dôme, détalait sous la pluie acharnée, au galop de quatre chevaux.

Aussitôt un frisson de réveil sembla courir dans les esprits ; les poses alanguies se redressèrent, les visages s'animèrent et on se mit à causer.

Bien que l'averse continuât avec autant de furie, le major affirma qu'il faisait moins sombre; et le lieutenant Otto annonçait avec conviction que le ciel allait s'éclaircir. Mlle Fifi elle-même ne semblait pas

tenir en place. Elle se levait, se
rasseyait. Son œil clair et dur cherchait quelque chose à briser. Soudain, fixant la dame aux moustaches, le jeune blondin tira son revolver. « Tu ne verras pas cela, toi »,
dit-il; et, sans quitter son siége, il
visa. Deux balles successivement
crevèrent les deux yeux du portrait.

Puis il s'écria : « Faisons la
mine! » Et brusquement les conver-
sations s'interrompirent, comme si
un intérêt puissant et nouveau se
fût emparé de tout le monde.

La mine, c'était son invention, sa
manière de détruire, son amuse-
ment préféré.

En quittant son château, le pro-
priétaire légitime, le comte Fernand
d'Amoys d'Uville, n'avait eu le temps

de rien emporter ni de rien cacher,
sauf l'argenterie enfouie dans le
trou d'un mur. Or, comme il était
fort riche et magnifique, son grand
salon, dont la porte ouvrait dans la
salle à manger, présentait, avant
la fuite précipitée du maître, l'aspect
d'une galerie de musée.

Aux murailles pendaient des toi-
les, des dessins et des aquarelles de
prix, tandis que sur les meubles,
les étagères, et dans les vitrines
élégantes, mille bibelots, des potiches, des statuettes, des bonshom-
mes de Saxe et des magots de Chine,
des ivoires anciens et des verres de
Venise, peuplaient le vaste appartement de leur foule précieuse et bi-
zarre.

Il n'en restait guère maintenant.

Non qu'on les eût pillés, le major
comte de Farlsberg ne l'aurait point
permis ; mais Mademoiselle Fifi, de
temps en temps, faisait la *mine;*
et tous les officiers, ce jour-là,
s'amusaient vraiment pendant cinq
minutes.

Le petit marquis alla chercher
dans le salon ce qu'il lui fallait.
Il rapporta une toute mignonne
théière de Chine famille Rose qu'il
emplit de poudre à canon, et, par le
bec, il introduisit délicatement un
long morceau d'amadou, l'alluma, et
courut reporter cette machine in-
fernale dans l'appartement voisin.

Puis il revint bien vite, en fer-
mant la porte. Tous les Allemands
attendaient, debout, avec la figure
souriante d'une curiosité enfantine;

et, dès que l'explosion eut secoué le
château, ils se précipitèrent ensemble.

Mademoiselle Fifi, entrée la première, battait des mains avec dé-
lire devant une Vénus de terre
cuite dont la tête avait enfin sauté ;
et chacun ramassa des morceaux de
porcelaine, s'étonnant aux dente-
lures étranges des éclats, examinant
les dégâts nouveaux, contestant certains ravages comme produits par
l'explosion précédente ; et le major
considérait d'un air paternel le
vaste salon bouleversé par cette
mitraille à la Néron et sablé de
débris d'objets d'art. Il en sortit le
premier, en déclarant avec bonho-
mie : « Ça a bien réussi, cette fois. »

Mais une telle trombe de fumée

était entrée dans la salle à manger,
se mêlant à celle du tabac, qu'on ne
pouvait plus respirer. Le commandant ouvrit la fenêtre; et tous les
officiers, revenus pour boire un dernier verre de cognac, s'en appro-
chèrent.

L'air humide s'engouffra dans la
pièce, apportant une sorte de pous-
sière d'eau qui poudrait les barbes,
et une odeur d'inondation. Ils regardaient les grands arbres acca-
blés sous l'averse, la large vallée
embrumée par ce dégorgement des
nuages sombres et bas, et tout au
loin le clocher de l'église dressé
comme une pointe grise dans la
pluie battante.

Depuis leur arrivée, il n'avait
plus sonné. C'était, du reste, la

seule résistance que les envahis-
seurs eussent rencontrée aux environs : celle du clocher. Le curé ne
s'était nullement refusé à recevoir
et à nourrir des soldats prussiens;
il avait même plusieurs fois accepté
de boire une bouteille de bière ou de
bordeaux avec le commandant ennemi qui l'employait souvent comme
intermédiaire bienveillant; mais il
ne fallait pas lui demander un seul
tintement de sa cloche; il se serait
plutôt laissé fusiller. C'était sa
manière à lui de protester contre
l'invasion, protestation pacifique,
protestation du silence, la seule,
disait-il, qui convînt au prêtre,
homme de douceur et non de sang;
et tout le monde, à dix lieues à
la ronde, vantait la fermeté, l'hé-

roïsme de l'abbé Chantavoine, qui osait affirmer le deuil public, le proclamer, par le mutisme obstiné de son église.

Le village entier, enthousiasmé par cette résistance, était prêt à soutenir jusqu'au bout son pasteur, à tout braver, considérant cette protestation tacite comme la sauvegarde de l'honneur national. Il semblait aux paysans qu'ils avaient ainsi mieux mérité de la patrie que Belfort et que Strasbourg, qu'ils avaient donné un exemple équivalent, que le nom du hameau en deviendrait immortel; et, hormis cela, ils ne refusaient rien aux Prussiens vainqueurs.

Le commandant et ses officiers riaient ensemble de ce courage inof-

fensif; et comme le pays entier se
montrait obligeant et souple à leur
égard, ils toléraient volontiers son
patriotisme muet.

Seul, le petit marquis Wilhem
aurait bien voulu forcer la cloche à
sonner. Il enrageait de la condes-
cendance politique de son supérieur
pour le prêtre; et chaque jour il
suppliait le commandant de le laisser
faire « Ding-don-don, » une fois,
une seule petite fois, pour rire un
peu seulement. Et il demandait cela
avec des grâces de chatte, des cajo-
leries de femme, des douceurs de
voix d'une maîtresse affolée par une
envie : mais le commandant ne cé-
dait point et Mademoiselle Fifi, pour
se consoler, faisait la *mine* dans le
château d'Uville.

Les cinq hommes restèrent là, en tas, quelques minutes, aspirant l'humidité. Le lieutenant Fritz, enfin, prononça, en jetant un rire pâteux : « Ces temoiselles técitément, n'auront pas peau temps pour leur bromenate. »

Là-dessus, on se sépara, chacun allant à son service; et le capitaine ayant fort à faire pour les préparatifs du dîner.

Quand ils se retrouvèrent de nouveau à la nuit tombante, ils se mirent à rire en se voyant tous coquets et reluisants comme aux jours de grande revue, pommadés, parfumés, tout frais. Les cheveux du commandant semblaient moins gris que le matin; et le capitaine s'était rasé, ne gardant que sa moustache, qui

lui mettait une flamme sous le
nez.

Malgré la pluie, on laissait la fenêtre ouverte; et l'un d'eux parfois
allait écouter. A six heures dix minutes le baron signala un lointain
roulement: tous se précipitèrent; et
bientôt la grande voiture accourut,
avec ses quatre chevaux toujours au
galop, crottés jusqu'au dos, fumants
et soufflants.

Et cinq femmes descendirent sur
le perron, cinq belles filles choisies
avec soin par un camarade du capitaine à qui *Le Devoir* était allé
porter une carte de son officier.

Elles ne s'étaient point fait prier,
sûres d'être bien payées, connais-
sant d'ailleurs les Prussiens, depuis
trois mois qu'elles en tâtaient, et

prenant leur parti des hommes
comme des choses. « C'est le métier
qui veut ça, » se disaient-elles en
route, pour répondre sans doute à
quelque picotement secret d'un reste
de conscience.

Et tout de suite on entra dans la
salle à manger. Illuminée, elle semblait plus lugubre encore en son dé-
labrement piteux ; et la table couverte de viandes, de vaisselle riche
et d'argenterie retrouvée dans le
mur où l'avait cachée le proprié-
taire, donnait à ce lieu l'aspect d'une
taverne de bandits qui soupent après
un pillage.

Le capitaine, radieux, s'empara
des femmes comme d'une chose fa-
milière, les appréciant, les tâtant,
les embrassant, les flairant, les éva-

luant à leur valeur de filles à plaisir ; et comme les trois jeunes gens
voulaient en prendre chacun une, il
s'y opposa avec autorité, se réser-
vant de faire le partage, en toute
justice, suivant les grades, pour ne
blesser en rien la hiérarchie.

Alors, afin d'éviter toute discus-
sion, toute contestation et tout
soupçon de partialité, il les aligna
par rang de taille, et s'adressant à
la plus grande, avec le ton du com-
mandement : — « Ton nom ? »

Elle répondit en grossissant sa
voix : « Paméla. »

Alors il proclama : « Numéro un,
la nommée Paméla, adjugée au
commandant. »

Ayant ensuite embrassé Blondine,
la seconde, en signe de propriété, il

offrit au lieutenant Otto la grosse
Amanda, Eva *la Tomate* au sous-
lieutenant Fritz, et la plus petite de
toutes, Rachel, une brune toute
jeune, à l'œil noir comme une tache
d'encre, une juive dont le nez
retroussé confirmait la règle qui
donne des becs courbes à toute sa
race, au plus jeune des officiers,
au frêle marquis Wilhem d'Eyrik.

Toutes, d'ailleurs, étaient jolies
et grasses, sans physionomies bien
distinctes, faites à peu près pareilles
de tournure et de peau par les pra-
tiques d'amour quotidiennes et la
vie commune des maisons publiques.

Les trois jeunes gens prétendaient
tout de suite entraîner leurs
femmes, sous prétexte de leur offrir
des brosses et du savon pour se net-

toyer; mais le capitaine s'y opposa
sagement, affirmant qu'elles étaient
assez propres pour se mettre à
table et que ceux qui monteraient
voudraient changer en descendant
et troubleraient les autres couples.
Son expérience l'emporta. Il y eut
seulement beaucoup de baisers, des
baisers d'attente.

Soudain Rachel suffoqua, toussant
aux larmes, et rendant de la fumée
par les narines. Le marquis, sous
prétexte de l'embrasser, venait de
lui souffler un jet de tabac dans la
bouche. Elle ne se fâcha point, ne
dit pas un mot, mais elle regarda
fixement son possesseur avec une
colère éveillée tout au fond de son
œil noir.

On s'assit. Le commandant lui-

même semblait enchanté ; il prit à
sa droite Paméla, Blondine à sa
gauche, et déclara, en dépliant sa
serviette : « Vous avez eu là une
charmante idée, capitaine. »

Les lieutenants Otto et Fritz,
polis comme auprès de femmes du
monde, intimidaient un peu leurs
voisines ; mais le baron de Kel-
weinghstein, lâché dans son vice,
rayonnait, lançait des mots grivois,
semblait en feu avec sa couronne de
cheveux rouges. Il galantisait en
français du Rhin ; et ses compli-
ments de taverne, expectorés par
le trou des deux dents brisées, arri-
vaient aux filles au milieu d'une
mitraille de salive.

Elles ne comprenaient rien, du
reste ; et leur intelligence ne sem-

bla s'éveiller que lorsqu'il cracha des
paroles obscènes, des expressions
crues, estropiées par son accent.
Alors, toutes ensemble, elles com-
mencèrent à rire comme des folles,
tombant sur le ventre de leurs voisins, répétant les termes que le baron
se mit alors à défigurer à plaisir pour
leur faire dire des ordures. Elles
en vomissaient à volonté, saoules
aux premières bouteilles de vin ; et,
redevenant elles, ouvrant la porte
aux habitudes, elles embrassaient les
moustaches de droite et celles de
gauche, pinçaient les bras, pous-
saient des cris furieux, buvaient dans
tous les verres, chantaient des cou-
plets français et des bouts de chan-
sons allemandes appris dans leurs
rapports quotidiens avec l'ennemi.

Bientôt les hommes eux-mêmes, grisés par cette chair de femme étalée sous leur nez et sous leurs mains, s'affolèrent, hurlant, brisant la vaisselle, tandis que, derrière leur dos, des soldats impassibles les servaient.

Le commandant seul gardait de la retenue.

Mlle Fifi avait pris Rachel sur ses genoux, et, s'animant à froid, tantôt il embrassait follement les frisons d'ébène de son cou, humant par le mince intervalle entre la robe et la peau la douce chaleur de son corps et tout le fumet de sa personne; tantôt, à travers l'étoffe, il la pinçait avec fureur, la faisant crier, saisi d'une férocité rageuse, travaillé par son besoin de ravage. Souvent aussi,

3.

la tenant à pleins bras, l'étreignant
comme pour la mêler à lui, il ap-
puyait longuement ses lèvres sur la
bouche fraîche de la juive, la bai-
sait à perdre haleine; mais soudain
il la mordit si profondément qu'une
traînée de sang descendit sur le
menton de la jeune fille et coula
dans son corsage.

Encore une fois, elle le regarda
bien en face, et, lavant la plaie,
murmura : « Ça se paye, cela. »
Il se mit à rire, d'un rire dur.
« Je payerai », dit-il.

On arrivait au dessert; on versait
du Champagne. Le commandant se
leva, et du même ton qu'il aurait
pris pour porter la santé de l'impé-
ratrice Augusta, il but : — « A nos
dames! » Et une série de toasts

commença, des toasts d'une galan-
terie de soudards et de pochards;
mêlés de plaisanteries obscènes, ren-
dues plus brutales encore par l'igno-
rance de la langue.

Ils se levaient l'un après l'autre,
cherchant de l'esprit, s'efforçant
d'être drôles ; et les femmes, ivres à
tomber, les yeux vagues, les lèvres
pâteuses, applaudissaient chaque
fois éperdûment.

Le capitaine, voulant sans doute
rendre à l'orgie un air galant, leva
encore une fois son verre, et prononça : « A nos victoires sur les
cœurs ! »

Alors le lieutenant Otto, espèce
d'ours de la forêt Noire, se dressa,
enflammé, saturé de boissons. Et
envahi brusquement de patriotisme

alcoolique, il cria : « A nos victoires sur la France! »

Toutes grises qu'elles étaient, les
femmes se turent; et Rachel, fris-
sonnante, se retourna : « Tu sais,
j'en connais, des Français, devant
qui tu ne disais pas ça. »

Mais le petit marquis, la tenant
toujours sur ses genoux, se mit à
rire, rendu très gai par le vin : —
« Ah! ah! ah! je n'en ai jamais vu,
moi. Sitôt que nous paraissons, ils
foutent le camp! »

La fille, exaspérée, lui cria dans
la figure : « Tu mens, salop! »

Durant une seconde, il fixa sur
elle ses yeux clairs, comme il les
fixait sur les tableaux dont il crevait
la toile à coups de revolver, puis il
se remit à rire: « Ah! oui, parlons-

en, la belle! serions-nous ici, s'ils
étaient braves? » Et il s'animait :
« — Nous sommes leurs maîtres!
à nous la France! »

Elle quitta ses genoux d'une se-
cousse et retomba sur sa chaise. Il
se leva, tendit son verre jusqu'au
milieu de la table et répéta : « A
nous la France et les Français, les
bois, les champs et les maisons de
France ! »

Les autres, tout à fait saouls,
secoués soudain par un enthousiasme militaire, un enthousiasme
de brutes, saisirent leurs verres
en vociférant : « Vive la Prus-
se ! » et les vidèrent d'un seul
trait.

Les filles ne protestaient point,
réduites, au silence et prises de peur.

Rachel elle-même se taisait, impuis-
sante à répondre.

Alors, le petit marquis posa sur la
tête de la juive sa coupe de champagne emplie à nouveau : « A nous
aussi, cria-t-il, toutes les femmes
de France ! »

Elle se leva si vite, que le cristal,
culbuté, vida, comme pour un bap-
tême, le vin jaune dans ses cheveux
noirs, et il tomba, se brisant à terre.
Les lèvres tremblantes, elle bravait
du regard l'officier, qui riait toujours, et elle balbutia, d'une voix
étranglée de colère : « Ça, ça, ça
n'est pas vrai, par exemple, vous
n'aurez pas les femmes de France. »

Il s'assit pour rire à son aise ; et,
cherchant l'accent parisien : —
« Elle est pien ponne, pien ponne,

qu'est-ce alors que tu viens faire
ici, pétite ? »

Interdite, elle se tut d'abord, com-
prenant mal dans son trouble, puis,
dès qu'elle eut bien saisi ce qu'il
disait, elle lui jeta, indignée et vé-
hémente : « Moi! moi! Je ne suis
pas une femme, moi, je suis une
putain; c'est bien tout ce qu'il faut
à des Prussiens. »

Elle n'avait point fini qu'il la gi-
flait à toute volée; mais comme il
levait encore une fois la main, affolé
de rage, elle saisit sur la table un
petit couteau de dessert à lame d'ar-
gent et, si brusquement qu'on ne vit
rien d'abord, elle le lui piqua droit
dans le cou, juste au creux où la
poitrine commence. Un mot qu'il
prononçait fut coupé dans sa gorge;

et il resta béant, avec un regard
effroyable.

Tous poussèrent un rugissement,
et se levèrent en tumulte ; mais
ayant jeté sa chaise dans les jambes
du lieutenant Otto, qui s'écroula
tout au long, elle courut à la fenêtre, l'ouvrit avant qu'on eût pu
l'atteindre, et s'élança dans la nuit,
sous la pluie qui tombait toujours.

En deux minutes, mademoiselle
Fifi fut morte. Alors Fritz et Otto
dégaînèrent et voulurent massacrer
les femmes, qui se traînaient à leurs
genoux. Le major, non sans peine,
empêcha cette boucherie, fit enfer-
mer dans une chambre, sous la
garde de deux hommes, les quatre
filles éperdues ; puis, comme s'il eût
disposé ses soldats pour un combat,

il organisa la poursuite de la fugi-
tive, bien certain de la reprendre.

Cinquante hommes, fouettés de
menaces, furent lancés dans le parc.
Deux cents autres fouillèrent les
bois et toutes les maisons de la
vallée.

La table, desservie en un instant,
servait maintenant de lit mortuaire;
et les quatre officiers, rigides, dé-
grisés, avec la face dure des hommes
de guerre en fonctions, restaient
debout près des fenêtres, sondaient
la nuit.

L'averse torrentielle continuait.
Un clapotis continu emplissait les
ténèbres, un flottant murmure d'eau
qui tombe, et d'eau qui coule, d'eau
qui dégoutte et d'eau qui rejaillit.

Soudain, un coup de feu retentit,

4

puis un autre très loin; et, pendant
quatre heures, on entendit ainsi
de temps en temps des détonations
proches ou lointaines, et des cris de
ralliement, des mots étranges lancés
comme appel par des voix guttu-
rales.

Au matin, tout le monde rentra.
Deux soldats avaient été tués, et
trois autres blessés par leurs camarades dans l'ardeur de la chasse et
l'effarement de cette poursuite noc-
turne.

On n'avait pas retrouvé Rachel.

Alors les habitants furent terro-
risés, les demeures bouleversées,
toute la contrée parcourue, battue,
retournée. La juive ne semblait pas
avoir laissé une seule trace de son
passage.

Le général, prévenu, ordonna
d'étouffer l'affaire, pour ne point
donner de mauvais exemple dans
l'armée, et il frappa d'une peine
disciplinaire le commandant, qui
punit ses inférieurs. Le général
avait dit : « On ne fait pas la guerre
pour s'amuser et caresser des filles
publiques. » Et le comte de Farlsberg, exaspéré, résolut de se venger
sur le pays.

Comme il lui fallait un prétexte
afin de sévir sans contrainte, il fit
venir le curé et lui ordonna de sonner la cloche à l'enterrement du
marquis d'Eyrik.

Contre toute attente, le prêtre
se montra docile, humble, plein
d'égards. Et quand le corps de
Mlle Fifi, porté par des soldats, pré-

cédé, entouré, suivi de soldats qui
marchaient le fusil chargé, quitta le
château d'Uville, allant au cime-
tière; pour la première fois la cloche
tinta son glas funèbre avec une al-
lure allègre, comme si une main
amie l'eût caressée.

Elle sonna le soir encore, et le
lendemain aussi, et tous les jours;
elle carillonna tant qu'on voulut.
Parfois même, la nuit, elle se mettait
toute seule en branle, et jetait doucement deux ou trois sons dans
l'ombre, prise de gaîtés singulières,
réveillée on ne sait pourquoi. Tous
les paysans du lieu la dirent alors
ensorcelée; et personne, sauf le
curé et le sacristain, n'approchait
plus du clocher.

C'est qu'une pauvre fille vivait là-

haut, dans l'angoisse et la solitude,
nourrie en cachette par ces deux
hommes.

Elle y resta jusqu'au départ des
troupes allemandes. Puis, un soir,
le curé ayant emprunté le char-à-
bancs du boulanger, conduisit lui-
même sa prisonnière jusqu'à la porte
de Rouen. Arrivé là, le prêtre
l'embrassa; elle descendit et regagna
vivement à pied le logis public, dont
la patronne la croyait morte.

Elle en fut tirée quelque temps
après par un patriote sans préjugés
qui l'aima pour sa belle action, puis
l'ayant ensuite chérie pour elle-
même, l'épousa, en fit une Dame
qui valut autant que beaucoup
d'autres.

—

4.

LA BUCHE

LA BUCHE

LE salon était petit, tout enveloppé de tentures épaisses, et discrètement odorant. Dans une cheminée large, un grand feu flambait; tandis qu'une seule lampe posée sur le coin de la cheminée versait une lumière molle,

ombrée par un abat jour d'ancienne
dentelle, sur les deux personnes qui
causaient.

Elle, la maîtresse de la maison,
une vieille à cheveux blancs, mais
une de ces vieilles adorables dont
la peau sans rides est lisse comme
un fin papier et parfumée, tout
imprégnée de parfums, pénétrée
jusqu'à la chair vive par les essences fines dont elle se baigne, depuis
si longtemps, l'épiderme : une vieille
qui sent, quand on lui baise la main,
l'odeur légère qui vous saute à l'odo-
rat lorsqu'on ouvre une boîte de
poudre d'iris florentine.

Lui était un ami d'autrefois, resté
garçon, un ami de toutes les semai-
nes, un compagnon de voyage dans
l'existence. Rien de plus d'ailleurs.

Ils avaient cessé de causer depuis une minute environ, et tous deux regardaient le feu, rêvant à n'importe quoi, en l'un de ces silences amis des gens qui n'ont point besoin de parler toujours pour se plaire l'un près de l'autre.

Et soudain une grosse bûche, une souche hérissée de racines enflammées, croula. Elle bondit par-dessus les chenets, et, lancée dans le salon, boula sur le tapis en jetant des éclats de feu tout autour d'elle.

La vieille femme, avec un petit cri, se dressa comme pour fuir, tandis que lui, à coups de botte, rejetait dans la cheminée l'énorme charbon et ratissait de sa semelle toutes les éclaboussures ardentes répandues autour.

Quand le désastre fut réparé, une forte odeur de roussi se répandit ; et l'homme, se rasseyant en face de son amie, la regarda en souriant : « Et voilà, dit-il en montrant la bûche replacée dans l'âtre, voilà pourquoi je ne me suis jamais marié. »

Elle le considéra, tout étonnée, avec cet œil curieux des femmes qui veulent savoir, cet œil des femmes qui ne sont plus toutes jeunes, où la curiosité est réfléchie, compliquée, souvent malicieuse ; et elle demanda : « Comment ça ? »

Il reprit : « Oh ! c'est tout une histoire, une assez triste et vilaine histoire.

Mes anciens camarades se sont souvent étonnés du froid survenu

tout à coup entre un de mes meilleurs amis qui s'appelait, de son
petit nom, Julien, et moi. Ils ne
comprenaient point comment deux
intimes, deux inséparables comme
nous étions, avaient pu tout à coup
devenir presque étrangers l'un à
l'autre. Or, voici le secret de notre
éloignement.

Lui et moi, nous habitions ensemble, autrefois. Nous ne nous
quittions jamais; et l'amitié qui
nous liait semblait si forte que rien
n'aurait pu la briser.

Un soir, en rentrant, il m'an-
nonça son mariage.

Je reçus un coup dans la poitrine,
comme s'il m'avait volé ou trahi.
Quand un ami se marie, c'est fini,
bien fini. L'affection jalouse d'une

5

femme, cette affection ombrageuse,
inquiète et charnelle,ne tolère point
l'attachement vigoureux et franc,
cet attachement d'esprit, de cœur
et de confiance qui existe entre deux
hommes.

Voyez-vous, madame, quelque
soit l'amour qui les soude l'un à
l'autre, l'homme et la femme sont
toujours étrangers d'âme, d'intelligence; ils restent deux belligérants;
ils sont d'une race différente; il faut
qu'il y ait toujours un dompteur et
un dompté, un maître et un esclave;
tantôt l'un, tantôt l'autre; ils ne
sont jamais deux égaux. Ils s'étrei-
gnent les mains, leurs mains fris-
sonnantes d'ardeur; ils ne se les
serrent jamais d'une large et forte
pression loyale, de cette pression

qui semble ouvrir les cœurs, les mettre à nu, dans un élan de sincère et forte et virile affection. Les sages, au lieu de se marier et de procréer, comme consolation pour les vieux jours, des enfants qui les abandonneront, devraient chercher un bon et solide ami, et vieillir avec lui dans cette communion de pensées qui ne peut exister qu'entre deux hommes.

Enfin, mon ami Julien se maria. Elle était jolie, sa femme, charmante, une petite blonde frisottée, vive, potelée, qui semblait l'adorer.

D'abord, j'allais peu dans la maison, craignant de gêner leur tendresse, me sentant de trop entre eux. Ils semblaient pourtant m'attirer, m'appeler sans cesse, et m'aimer.

Peu à peu je me laissai séduire par le charme doux de cette vie commune; et je dînais souvent chez eux; et souvent, rentré chez moi la nuit, je songeais à faire comme lui, à prendre une femme, trouvant bien triste à présent ma maison vide.

Eux, paraissaient se chérir, ne se quittaient point. Or, un soir, Julien m'écrivit de venir dîner. J'y allai. — « Mon bon, dit-il, il va falloir que je m'absente, en sortant de table, pour une affaire. Je ne serai pas de retour avant onze heures; mais à onze heures précises, je rentrerai. J'ai compté sur toi pour tenir compagnie à Berthe. »

La jeune femme sourit : « C'est

moi, d'ailleurs, qui ai eu l'idée de
vous envoyer chercher », reprit-
elle.

Je lui serrai la main : « Vous êtes
gentille comme tout.— » Et je sentis
sur mes doigts une amicale et longue
pression. Je n'y pris pas garde. On se
mit à table ; et, dès huit heures,
Julien nous quittait.

Aussitôt qu'il fut parti, une sorte
de gêne singulière naquit brusquement entre sa femme et moi. Nous
ne nous étions encore jamais trouvés
seuls, et, malgré notre intimité
grandissant chaque jour, le tête-à-
tête nous plaçait dans une situation
nouvelle. Je parlai d'abord de choses
vagues, de ces choses insignifiantes
dont on emplit les silences embar-
rassants. Elle ne me répondait rien,

et restait en face de moi, de l'autre
côté de la cheminée, la tête baissée,
le regard indécis, un pied tendu
vers la flamme, comme perdue en
une difficile méditation. Quand je fus
à sec d'idées banales, je me tus. —
C'est étonnant comme il est difficile
quelquefois de trouver des choses à
dire. — Et puis je sentais du nouveau dans l'air, je sentais de l'invi-
sible, un je ne sais quoi impossible à
exprimer, cet avertissement mysté-
rieux qui vous prévient des inten-
tions secrètes, bonnes ou mauvaises,
d'une autre personne à votre égard.

Ce pénible silence dura quelque
temps. Puis Berthe me dit : « Mettez
donc une bûche au feu, mon ami,
vous voyez bien qu'il va s'éteindre. »
J'ouvris le coffre à bois, placé juste

comme le vôtre, et je pris une
bûche, la plus grosse bûche, que je
plaçai en pyramide sur les autres
morceaux de bois aux trois quarts
consumés.

Et le silence recommença.

Au bout de quelques minutes,
la bûche flambait de telle façon
qu'elle nous grillait la figure. La
jeune femme releva sur moi ses
yeux, des yeux qui me parurent
étranges. — « Il fait trop chaud,
maintenant, dit-elle; allons donc
là-bas, sur le canapé. »

Et nous voilà partis sur le canapé.

Puis tout à coup, me regardant
bien en face : — « Qu'est-ce que
vous feriez si une femme vous
disait qu'elle vous aime ? »

Je répondis, fort interloqué : « Ma

foi, le cas n'est pas prévu, et puis
ça, dépendrait de la femme. »

Alors elle se mit à rire, d'un rire
sec, nerveux, frémissant, un de ces
rires faux qui semblent devoir cas-
ser les verres fins, et elle ajouta :
« Les hommes ne sont jamais auda-
cieux ni malins. » Elle se tut, puis
reprit : « Avez-vous quelquefois été
amoureux, monsieur Paul ? »

Je l'avouai ; oui, j'avais été amoureux. — « Racontez-moi ça », dit-
elle.

Je lui racontai une histoire quel-
conque. Elle m'écoutait attentivement, avec des marques fréquentes
d'improbation et de mépris ; et soudain : — « Non, vous n'y entendez
rien. Pour que l'amour fût bon, il
faudrait, il me semble, qu'il boule-

versât le cœur, tordit les nerfs et
ravageât la tête, il faudrait qu'il
fût — comment dirai-je? — dange-
reux, terrible même, presque crimi-
nel, presque sacrilège, qu'il fût une
sorte de trahison ; je veux dire qu'il
a besoin de rompre des obstacles
sacrés, des lois, des liens fraternels;
quand l'amour est tranquille, facile,
sans périls, légal, est-ce bien de
l'amour ? »

Je ne savais plus quoi répondre,
et je jetais en moi-même cette ex-
clamation philosophique : « O cer-
velle féminine, te voilà bien ! »

Elle avait pris, en parlant, un
petit air indifférent, sainte-nitou-
che ; et, appuyée sur les coussins,
elle s'était allongée, couchée, la tête
contre mon épaule, la robe un peu

relevée, laissant voir un bas de soie
rouge que les éclats du foyer enflam-
maient par instants.

Au bout d'une minute : « Je vous
fais peur », dit-elle. Je protestai.
Elle s'appuya tout à fait contre ma
poitrine et, sans me regarder : —
« Si je vous disais, moi, que je vous
aime, que feriez-vous ? » Et avant
que j'eusse pu trouver ma réponse ,
ses bras avaient pris mon cou,
avaient attiré brusquement ma tête;
et ses lèvres joignaient les miennes.

Ah ! ma chère amie, je vous ré-
ponds que je ne m'amusais pas !
Quoi ! tromper Julien ? devenir
l'amant de cette petite folle perverse
et rusée, effroyablement sensuelle
sans doute, à qui son mari déjà ne
suffisait plus ! Trahir sans cesse,

tromper toujours, jouer l'amour
pour le seul attrait du fruit dé-
fendu, du danger bravé, de l'amitié
trahie ! — Non, cela ne m'allait
guère. Mais que faire? imiter Jo-
seph? rôle fort sot, et de plus fort
difficile, car elle était affolante en
sa perfidie, cette fille, et enflam-
mée d'audace, et palpitante et
acharnée. Oh ! que celui qui n'a
jamais senti sur sa bouche le baiser
profond d'une femme prête à se donner, me jette la première pierre...

..... Enfin, une minute de plus...
vous comprenez, n'est-ce pas ? Une
minute de plus et... j'étais... non,
elle était... pardon, c'est lui qui
l'était!... ou plutôt qui l'aurait été,
quand voilà qu'un bruit terrible
nous fit bondir.

La bûche, oui, la bûche, madame,
s'élançait dans le salon, renver-
sant la pelle, le garde-feu, roulant
comme un ouragan de flamme, in-
cendiant le tapis et se gîtant sous
un fauteuil qu'elle allait infailliblement flamber.

Je me précipitai comme un fou,
et pendant que je repoussais dans la
cheminée le tison sauveur, la porte
brusquement s'ouvrit! Julien, tout
joyeux, rentrait. Il s'écria : « Je
suis libre, l'affaire est finie deux
heures plus tôt! »

Oui, mon amie, sans la bûche,
j'étais pincé en flagrant délit. Et
vous apercevez d'ici les consé-
quences !

Or, je fis en sorte de n'être plus
repris dans une situation pareille,

jamais, jamais. Puis je m'aperçus
que Julien me battait froid, comme
on dit. Sa femme évidemment sapait
notre amitié ; et peu à peu, il
m'éloigna de chez lui; et nous avons
cessé de nous voir.

Je ne me suis point marié. Cela
ne doit plus vous étonner ?

LE LIT

LE LIT

P<small>AR</small> une torride après-midi du
dernier été, le vaste hôtel
des Ventes semblait en-
dormi, et les commissaires-priseurs
adjugeaient d'une voix mourante.
Dans une salle du fond, au premier
étage, un lot d'anciennes soieries
d'église gisait en un coin. C'étaient

6.

des chapes solennelles et de gracieuses chasubles où des guirlandes
brodées s'enroulaient autour des
lettres symboliques sur un fond de
soie un peu jaunie, devenue cré-
meuse de blanche qu'elle fut jadis.

Quelques revendeurs attendaient,
deux ou trois hommes à barbes sales
et une grosse femme ventrue, une
de ces marchandes, dites *à la
toilette*, conseillères et protectrices
d'amours prohibées, qui brocantent
sur la chair humaine jeune et vieille
autant que sur les jeunes et les
nippes.

Soudain, on mit en vente une
mignonne chasuble Louis XV, jolie
comme une robe de marquise, restée
fraîche avec une procession de mu-
guets autour de la croix, de longs

iris bleus montant jusqu'aux pieds
de l'emblème sacré et, dans les coins,
des couronnes de roses. Quand je
l'eus achetée, je m'aperçus qu'elle
était demeurée vaguement odorante,
comme pénétrée d'un reste d'encens,
ou plutôt comme habitée encore par
ces si légères et si douces senteurs
d'autrefois qui semblent des souvenirs de parfums, l'âme des essences
évaporées, et je ne quitte
hâ plus bâches suis et chez moi j'ai
voulu couvrir afin petite chaise de
la même époque charmante et, la
maniant pour prendre les mesures,
je sentis sous mes doigts se froisser
des papiers. Ayant fendu la doublure,
quelques lettres tombèrent à mes
pieds. Elles étaient jaunies et
l'encre effacée semblait de la rouille

Une main fine avait tracé sur une
face de la feuille pliée à la mode
ancienne : « A monsieur, monsieur
l'abbé d'Argencé. »

Les trois premières lettres fixaient
simplement des rendez-vous. Et
voici la quatrième :

Mon ami, je suis malade, toute
souffrante, et je ne quitte mon lit.
La pluie bat mes vitres, et je reste
chaudement, mollement rêveuse,
dans la tiédeur des duvets. J'ai un
livre, un livre que j'aime et qui me
semble fait avec un peu de moi.
Vous dirai-je lequel ? Non. Vous
me gronderiez. Puis, quand j'ai lu,
je songe. Et je veux vous dire à
quoi.

On a mis derrière ma tête des oreillers qui me tiennent assise, et je vous écris sur ce mignon pupitre que j'ai reçu de vous.

Etant depuis trois jours en mon lit, c'est à mon lit que je pense, et même dans le sommeil j'y médite encore.

Le lit, mon ami, c'est toute notre vie. C'est là qu'on naît, c'est là qu'on aime, c'est là qu'on meurt.

Si j'avais la plume de M. de Crébillon, j'écrirais l'histoire d'un lit. Et que d'aventures émouvantes, terribles, aussi que d'aventures gracieuses, aussi que d'autres attendrissantes ! Que d'enseignements n'en pourrait-on pas tirer, et de moralités pour tout le monde ?

Vous connaissez mon lit, mon

ami. Vous ne vous figurerez jamais
que de choses j'y ai découvertes
depuis trois jours, et comme je
l'aime davantage. Il me semble ha-
bité, hanté, dirai-je, par un tas de
gens que je ne soupçonnais point et
qui cependant ont laissé quelque
chose d'eux en cette couche.

Oh! comme je ne comprends pas
ceux qui achètent des lits nouveaux,
des lits sans mémoires. Le mien, le
nôtre, si vieux, si usé, et si spacieux,
a dû contenir bien des existences,
de la naissance au tombeau. Songez-y, mon ami; songez à tout; re-
voyez des vies entières entre ces
quatre colonnes, sous ce tapis à
personnages tendu sur nos têtes, qui
a regardé tant de choses. Qu'a-t-il
vu depuis trois siècles qu'il est là?

Voici une jeune femme étendue.
De temps en temps elle pousse un
soupir, puis elle gémit; et les vieux
parents l'entourent ; et voilà que
d'elle sort un petit être miaulant
comme un chat, et crispé, tout ridé.
C'est un homme qui commence.
Elle, la jeune mère, se sent doulou-
reusement joyeuse ; elle étouffe de
bonheur à ce premier cri, et tend
les bras et suffoque; et, autour, on
pleure avec délices; car ce petit
morceau de créature vivante séparé
d'elle c'est la famille continuée, la
prolongation du sang, du cœur et
de l'âme des vieux qui regardent,
tout tremblants.

Puis voici que pour la première
fois deux amants se trouvent chair
à chair dans ce tabernacle de la vie.

Ils tremblent, mais transportés d'al-
légresse, ils se sentent délicieuse-
ment l'un près de l'autre ; et, peu à
peu, leurs bouches s'approchent. Ce
baiser divin les confond, ce baiser,
porte du ciel terrestre, ce baiser
qui chante les délices humaines, qui
les promet toutes, les annonce et les
devance. Et leur lit s'émeut comme
une mer soulevée, ploie et murmure,
semble lui-même animé, joyeux, car
sur lui le délirant mystère d'amour
s'accomplit. Quoi de plus suave, de
plus parfait en ce monde que ces
étreintes faisant de deux êtres un
seul, et donnant à chacun, dans le
même moment, la même pensée, la
même attente et la même joie éper-
due qui descend en eux comme un
feu dévorant et céleste?

Vous rappelez-vous ces vers que
vous m'avez lus, l'autre année, dans
quelque poète antique, ne sais
lequel, peut-être le doux Ronsard?

> Et quand au lit nous serons
> Entrelacés, nous ferons,
> Les lascifs, selon les guises
> Des amants qui librement
> Pratiquent folàtrement
> Sous les draps cent mignardises.

Ces vers-là, je les voudrais avoir
brodés en ce plafond de mon lit,
d'où Pyrame et Thisbé me regardent sans fin avec leurs yeux de
tapisserie.

Et songez à la mort, mon ami, à
tous ceux qui ont exhalé vers Dieu
leur dernier souffle en ce lit. Car il

est aussi le tombeau des espérances
finies, la porte qui ferme tout
après avoir été celle qui ouvre le
monde. Que de cris, que d'an-
goisses, de souffrances, de déses-
poirs épouvantables, de gémisse-
ments d'agonie, de bras tendus vers
les choses passées, d'appels aux
bonheurs terminés à jamais; que de
convulsions, de râles, de grimaces,
de bouches tordues, d'yeux retour-
nés, dans ce lit, où je vous écris,
depuis trois siècles qu'il prête aux
hommes son abri!

Le lit, songez-y, c'est le symbole
de la vie, je me suis aperçue de cela
depuis trois jours. Rien n'est excel-
lent hors du lit. Le sommeil n'est-il
pas encore un de nos instants les
meilleurs?

Mais c'est aussi là qu'on souffre !
Il est le refuge des malades, un lieu
de douleurs aux corps épuisés.

Le lit, c'est l'homme. Notre Sei-
gneur Jésus, pour prouver qu'il
n'avait rien d'humain, ne semble pas
avoir jamais eu besoin d'un lit. Il
est né sur la paille et mort sur
la croix, laissant aux créatures
comme nous leur couche de mollesse
et de repos.

Que d'autres choses me sont encore venues ! mais je n'ai le temps
de vous les marquer, et puis me les
rappellerais-je toutes ? et puis je
suis déjà tant fatiguée que je
vais retirer mes oreillers, m'éten-
dre tout au long et dormir quelque peu.

Me venez voir demain trois

heures; peut-être serai-je mieux et
vous le pourrai-je montrer.

Adieu mon ami; voici mes mains
pour que vous les baisiez; et je vous
tends aussi mes lèvres.

UN RÉVEILLON

7.

UN RÉVEILLON

E ne sais plus au juste l'année. Depuis un mois entier
je chassais avec emporte-
ment, avec une joie sauvage, avec
cette ardeur qu'on a pour les passions nouvelles.

J'étais en Normandie, chez un
parent non marié, Jules de Banne-

ville, seul avec lui, sa bonne, un
valet et un garde dans son château
seigneurial. Ce château, vieux bâtiment grisâtre entouré de sapins
gémissants, au centre de longues
avenues de chêne où galopait le vent,
semblait abandonné depuis des siècles. Un antique mobilier habitait
seul les pièces toujours fermées, où
jadis ces gens, dont on voyait les
portraits accrochés dans un long
corridor aussi tempétueux que les
avenues, recevaient cérémonieuse-
ment les nobles voisins.

Quant à nous, nous nous étions
réfugiés simplement dans la cuisine,
seul coin habitable du manoir, une
immense cuisine dont les lointains
sombres s'éclairaient quand on jetait
une bourrée nouvelle dans la vaste

cheminée. Puis, chaque soir, après
une douce somnolence devant le
feu, après que nos bottes trempées
avaient fumé longtemps et que nos
chiens d'arrêt, couchés en rond entre
nos jambes, avaient rêvé de chasse
en aboyant comme des somnam-
bules, nous montions dans notre
chambre.

C'était l'unique pièce qu'on eût
fait plafonner et plâtrer partout
à cause des souris. Mais elle était
demeurée nue, blanchie seulement à
la chaux, avec des fusils, des fouets
à chiens et des cors de chasse accrochés aux murs ; et nous nous glis-
sions grelottants dans nos lits, aux
deux coins de cette case sibérienne.

A une lieue en face du château, la
falaise à pic tombait dans la mer ; et

les puissants souffles de l'Océan, jour
et nuit, faisaient soupirer les grands
arbres courbés, pleurer le toit et les
girouettes, crier tout le vénérable
bâtiment qui s'emplissait de vent
par ses tuiles disjointes, ses chemi-
nées larges comme des gouffres, ses
fenêtres qui ne fermaient plus.

Ce jour-là il avait gelé horrible-
ment. Le soir était venu. Nous
allions nous mettre à table devant
le grand feu de la haute cheminée,
où rôtissait un râble de lièvre flan-
qué de deux perdrix qui sentaient
bon.

Mon cousin leva la tête : « Il ne
fera pas chaud en se couchant, »
dit-il.

Indifférent, je répliquai : « Non,

mais nous aurons du canard aux
étangs, demain matin.. »

La servante, qui mettait notre
couvert à un bout de la table, et
celui des domestiques à l'autre bout,
demanda: « Ces messieurs savent-
ils que c'est ce soir le réveillon? »

Nous n'en savions rien assurément, car nous ne regardions guère
le calendrier. Mon compagnon reprit : « Alors, c'est ce soir aussi la
messe de minuit. C'est donc pour
cela qu'on a sonné toute la journée? »

La servante répliqua : « Oui et
non, monsieur; on a sonné aussi
parce que le père Fournel est mort. »

Le père Fournel, ancien berger,
était une célébrité du pays. Agé de
quatre-vingt-seize ans, il n'avait
jamais été malade jusqu'au moment

où, un mois auparavant, il avait pris froid, étant tombé dans une mare par une nuit obscure. Le lendemain il s'était mis au lit. Depuis lors, il agonisait.

Mon cousin se tourna vers moi : « Si tu veux, dit-il, nous irons tout à l'heure voir ces pauvres gens. » Il voulait parler de la famille du vieux, son petit-fils, âgé de cinquante-huit ans, et sa petite-belle-fille, d'une année plus jeune. La génération intermédiaire n'existait plus depuis longtemps. Ils habitaient une lamentable masure, à l'entrée du hameau, sur la droite.

Mais je ne sais pourquoi cette idée de Noël, au fond de cette solitude, nous mit en humeur de causer. Tous les deux, en tête-à-tête, nous

nous racontions des histoires de ré-
veillons anciens, des aventures de
cette nuit folle, les bonnes fortunes
passées et les réveils du lendemain,
les réveils à deux avec leurs sur-
prises hasardeuses, l'étonnement des
découvertes.

De cette façon, notre dîner dura
longtemps. De nombreuses pipes le
suivirent; et, envahis par ces gaietés
de solitaires, ces gaietés communi-
catives qui naissent soudain entre
deux intimes amis, nous parlions
sans repos, fouillant en nous pour
nous dire ces souvenirs confidentiels
du cœur qui s'échappent en ces
heures d'effusion.

La bonne, partie depuis longtemps, reparut: « Je vais à la messe,
monsieur. »

« Déjà! »

« Il est minuit moins trois quarts. »

« Si nous allions aussi jusqu'à l'église? demanda Jules, cette messe de Noël est bien curieuse aux champs. »

J'acceptai, et nous partîmes, enveloppés en nos fourrures de chasse.

Un froid aigu piquait le visage, faisait pleurer les yeux. L'air cru saisissait les poumons, desséchait la gorge. Le ciel profond, net et dur, était criblé d'étoiles qu'on eût dit pâlies par la gelée; elles scintillaient non point comme des feux, mais comme des astres de glace, des cristallisations brillantes. Au loin, sur la terre d'airain, sèche et retentissante, les sabots des paysans sonnaient et, par tout l'horizon, les

petites cloches des villages, tintant,
jetaient leurs notes grêles comme
frileuses aussi, dans la vaste nuit
glaciale.

La campagne ne dormait point.
Des coqs, trompés par ces bruits,
chantaient; et en passant le long
des étables, on entendait remuer les
bêtes troublées par ces rumeurs de
vie.

En approchant du hameau, Jules
se ressouvint des Fournel. — « Voici
leur baraque, dit-il; entrons! »

Il frappa longtemps en vain. Alors
une voisine, qui sortait de chez elle
pour se rendre à l'église, nous ayant
aperçus : — « Ils sont à la messe,
messieurs, ils vont prier pour le père.

Nous les verrons en sortant, »
dit mon cousin.

La lune à son déclin profilait au
bord de l'horizon sa silhouette de
faucille au milieu de cette semaille
infinie de grains luisants jetés à
poignée dans l'espace. Et par la
campagne noire, des petits feux
tremblants s'en venaient de partout
vers le clocher pointu qui sonnait
sans répit. Entre les cours des
fermes plantées d'arbres, au milieu
des plaines sombres, ils sautillaient,
ces feux, en rasant la terre. C'étaient
les lanternes de corne que portaient
les paysans devant leurs femmes en
bonnet blanc, enveloppées de longues mantes noires, et suivies des
mioches mal éveillés, se tenant la
main dans la nuit.

Par la porte ouverte de l'église,
on apercevait le chœur illuminé.

Une guirlande de chandelles d'un
sou faisait le tour de la pauvre
nef; et par terre, dans une chapelle
à gauche, un gros Enfant-Jésus de
cire étalait sur de la vraie paille,
au milieu des branches de sapin, sa
nudité rose et maniérée.

L'office commençait. Les paysans
courbés, les femmes à genoux,
priaient. Ces simples gens, relevés
par la nuit froide, regardaient,
tout remués, l'image grossièrement
peinte, et ils joignaient les mains,
naïvement convaincus autant qu'in-
timidés par l'humble splendeur de
cette représentation puérile.

L'air glacé faisait palpiter les
flammes. Jules me dit : « Sortons !
on est encore mieux dehors. »

Et sur la route déserte, pendant

8.

que tous les campagnards proster-
nés grelottaient dévotement, noùs
nous mîmes à recauser de nos souvenirs, si longtemps que l'office était
fini quand nous revînmes au hameau.

Un filet de lumière passait sous la
porte des Fournel. « Ils veillent
leur mort, dit mon cousin. Entrons
enfin chez ces pauvres gens, cela
leur fera plaisir. »

Dans la cheminée, quelques tisons
agonisaient. La pièce noire, vernie
de saleté, avec ses solives vermou-
ues brunies par le temps, était pleine
d'une odeur suffoquante de boudin grillé. Au milieu de la grande
table, sous laquelle la huche au pain
s'arrondissait comme un ventre dans

toute sa longueur, une chandelle,
dans un chandelier de fer tordu,
filait jusqu'au plafond l'âcre fumée de
sa mèche en champignon. — Et les
deux Fournel, l'homme et la femme,
réveillonnaient en tête-à-tête.

Mornes, avec l'air navré et la face
abrutie des paysans, ils mangeaient
gravement sans dire un mot. Dans
une seule assiette, posée entre eux, un
grand morceau de boudin dégageait
sa vapeur empestante. De temps en
temps, ils en arrachaient un bout
avec la pointe de leur couteau, l'é-
crasaient sur leur pain qu'ils cou-
paient en bouchées, puis mâchaient
avec lenteur.

Quand le verre de l'homme était
vide, la femme, prenant la cruche
au cidre, le remplissait.

A notre entrée, ils se levèrent, nous firent asseoir, nous offrirent de « faire comme eux » et, sur notre refus, se remirent à manger.

Au bout de quelques minutes de silence, mon cousin demanda : « Eh bien, Anthime, votre grand-père est mort ? »

— « Oui, mon pauv' monsieur, il a passé tantôt. »

Le silence recommença. La femme, par politesse, moucha la chandelle. Alors, pour dire quelque chose, j'ajoutai : « Il était bien vieux. »

Sa petite-belle-fille de cinquante-sept ans reprit : « Oh ! son temps était terminé, il n'avait plus rien à faire ici. »

Soudain, le désir me vint de regarder le cadavre de ce cente-

naire, et je priai qu'on me le montrât.

Les deux paysans, jusque-là placides, s'émurent brusquement. Leurs yeux inquiets s'interrogèrent ; et ils ne répondirent pas.

Mon cousin, voyant leur trouble, insista.

L'homme alors, d'un air soupçonneux et sournois, demanda : — « A quoi qu'ça vous servirait?

— « A rien, dit Jules, mais ça se fait tous les jours ; pourquoi ne voulez-vous pas le montrer? »

Le paysan haussa les épaules. — « Oh, moi, j'veux ben ; seulement, à c'te heure-ci, c'est malaisé. »

Mille suppositions nous passaient dans l'esprit. Comme les petits-enfants du mort ne remuaient tou-

jours pas, et demeuraient face à
face, les yeux baissés, avec cette
tête de bois des gens mécontents,
qui semble dire : « Allez-vous-en »,
mon cousin parla avec autorité :
« Allons, Anthime, levez-vous, et
conduisez-nous dans sa chambre. »
Mais l'homme, ayant pris son parti,
répondit d'un air renfrogné : « C'est
pas la peine, il n'y est pu, monsieur. »

— « Mais alors, où donc est-il ? »

La femme coupa la parole à son
mari :

— « J'vas vous dire : J'l'avons
mis jusqu'à d'main dans la huche,
parce que j'avions point d'place. »

Et, retirant l'assiette au boudin,
elle leva le couvercle de leur table, se
pencha avec la chandelle pour éclai-

rer l'intérieur du grand coffre béant,
au fond duquel nous aperçûmes
quelque chose de gris, une sorte
de long paquet d'où sortait, par un
bout, une tête maigre avec des cheveux blancs ébouriffés, et, par
l'autre bout, deux pieds nus.

C'était le vieux, tout sec, les yeux
clos, roulé dans son manteau de
berger, et dormant là son dernier
sommeil, au milieu d'antiques et
noires croûtes de pain, aussi sécu-
laires que lui.

Ses enfants avaient réveillonné
dessus !

Jules, indigné, tremblant de colère, cria : « Pourquoi ne l'avez-
vous pas laissé dans son lit, manants
que vous êtes? »

Alors la femme se mit à lar-

moyer, et très vite : « J'vas vous dire,
mon bon monsieur, j'avons qu'un lit
dans la maison. J'couchions avec lui
auparavant pisque j'étions qu'trois.
D'puis qu'il est si malade j'couchons
par terre ; c'est dur, mon brave monsieur, dans ces temps ici. Eh ben,
quand il a été trépassé, tantôt,
j'nous sommes dit comme ça : «
Puisqu'il n'souffre pu, c't'homme, à
quoi qu'ça sert de l'laisser dans l'lit?
j'pouvons ben l'mettre jusqu'à d'main
dans la huche, et je r'prendrions l'lit
c'te nuit qui s'ra si froide. J'pou-
vions pourtant pas coucher avec ce
mort, mes bons messieurs !... »

Mon cousin, exaspéré, sortit brusquement en claquant la porte, tandis que je le suivais, riant aux
larmes.

MOTS D'AMOUR

MOTS D'AMOUR

Dimanche.

Mon gros coq chéri,

Tu ne m'écris pas, je ne te vois plus, tu ne viens jamais. Tu as donc cessé de m'aimer? Pourquoi? Qu'ai-je fait?

Dis-le moi, je t'en supplie, mon
cher amour! Moi, je t'aime tant,
tant, tant! Je voudrais t'avoir toujours près de moi, et t'embrasser
tout le jour, en te donnant, ô mon
cœur, mon chat aimé, tous les noms
tendres qui me viendraient à la
pensée. Je t'adore, je t'adore, je
t'adore, ô mon beau coq.

> Ta poulette,
> SOPHIE.

Lundi.

MA CHÈRE AMIE,

Tu ne comprendras absolument
rien à ce que je vais te dire. N'importe. Si ma lettre tombe, par hasard, sous les yeux d'une autre

femme, elle lui sera peut-être pro-
fitable.

Si tu avais été sourde et muette,
je t'aurais sans doute aimée longtemps, longtemps. Le malheur vient
de ce que tu parles ; voilà tout. Un
poète a dit :

Tu n'as jamais été dans tes jours les plus
[rares
Qu'un banal instrument sous mon archet
[vainqueur
Et comme un air qui sonne au bois creux
[des guitares,
J'ai fait chanter mon rêve au vide de ton
[cœur.

En amour, vois-tu, on fait toujours chanter des rêves ; mais pour
que les rêves chantent, il ne faut
pas qu'on les interrompe. Or, quand

8.

on parle entre deux baisers, on interrompt toujours le rêve délirant que font les âmes, à moins de dire des mots sublimes ; et les mots sublimes n'éclosent pas dans les petites caboches des jolies filles.

Tu ne comprends rien, n'est-ce pas ? Tant mieux. Je continue. Tu es assurément une des plus charmantes, une des plus adorables femmes que j'aie jamais vues. Est-il sur la terre des yeux qui contiennent plus de SONGE que les tiens, plus de promesses inconnues, plus d'infini d'amour ? Je ne le crois pas. Et quand ta bouche sourit avec ses deux lèvres rondes qui montrent tes dents luisantes, on dirait qu'il va sortir de cette bouche ravissante une ineffable musique, quelquechose

d'invraisemblement suave, de doux
à faire sangloter.

Alors tu m'appelles tranquille-
ment : « Mon gros lapin adoré. » Et
il me semble tout à coup que j'entre
dans ta tête, que je vois fonctionner
ton âme, ta petite âme de petite
femme jolie, jolie, mais... et cela
me gêne, vois-tu, me gêne beaucoup. J'aimerais mieux ne pas
voir.

Tu continues à ne point compren-
dre, n'est-ce pas ? J'y comptais.

Te rappelles-tu la première fois
que tu es venue chez moi ? Tu es
entrée brusquement avec une odeur
de violette envolée de tes jupes ;
nous nous sommes regardés longtemps sans dire un mot, puis em-
brassés comme des fous... puis...

puis jusqu'au lendemain nous n'a-
vons point parlé.

Mais, quand nous nous sommes
quittés, nos mains tremblaient et
nos yeux se disaient des choses, des
choses... qu'on ne peut exprimer
dans aucune langue. Du moins je l'ai
cru. Et tout bas, en me quittant, tu
as murmuré : « A bientôt ! » —
Voilà tout ce que tu as dit; et tu ne
t'imagineras jamais quel enveloppe-
ment de rêves tu me laissais, tout ce
que j'entrevoyais, tout ce que je
croyais deviner en ta pensée.

Vois-tu, ma pauvre enfant, pour
les hommes pas bêtes, un peu raffinés, un peu supérieurs, l'amour est
un instrument si compliqué qu'un
rien le détraque. Vous autres femmes, vous ne percevez jamais le ri-

dicule de certaines choses, quand
vous aimez ; et le grotesque des expressions vous échappe.

Pourquoi une parole juste dans la
bouche d'une petite femme brune
est-elle souverainement fausse et
comique dans celle d'une grosse
femme blonde ? Pourquoi le geste
câlin de l'une sera-t-il déplacé chez
l'autre ? Pourquoi certaines caresses
charmantes de la part de celle-ci,
seront-elles gênantes de la part de
celle-là ? Pourquoi ? parce qu'il faut
en tout, mais principalement en
amour, une parfaite harmonie, une
accordance absolue du geste, de la
voix, de la parole, de la manifesta-
tion tendre, avec la personne qui
agit, parle, manifeste, avec son âge,
la grosseur de sa taille, la couleur

de ses cheveux et la physionomie
de sa beauté.

Une femme de trente-cinq ans,
à l'âge des grandes passions. vio-
lentes, qui conserverait seulement
un rien de la mièvrerie caressante
de ses amours de vingt ans, qui ne
comprendrait pas qu'elle doit s'exprimer autrement, regarder autre
ment, embrasser autrement, qu'elle
doit être une Didon et non plus une
Juliette, écœurerait infailliblement
neuf amants sur dix, même s'ils ne
se rendaient nullement compte des
raisons de leur éloignement.

Comprends-tu ? — Non. — Je
l'espérais bien.

A partir du jour où tu as ouvert
ton robinet à tendresses, ce fut fini
pour moi, mon amie.

Quelquefois nous nous embras-
sions cinq minutes, d'un seul baiser
interminable, éperdu, un de ces
baisers qui font se fermer les yeux,
comme s'il pouvait s'en échapper
par le regard, comme pour les con-
server plus entiers dans l'âme enté-
nébrée qu'ils ravagent. Puis, quand
nous séparions nos lèvres, tu me
disais en riant d'un rire clair : « C'est
bon, mon gros chien! » Alors je
t'aurais battue.

Car tu m'as donné successivement
tous les noms d'animaux et de lé-
gumes que tu as trouvés sans doute
dans la *Cuisinière bourgeoise*, le
Parfait jardinier et les *Éléments
d'histoire naturelle à l'usage des
classes inférieures*. Mais cela n'est
rien encore.

La caresse d'amour est brutale,
bestiale, et plus, quand on y songe.
Musset a dit :

Je me souviens encor de ces spasmes
[terribles,
De ces baisers muets, de ces muscles
[ardents,
De cet être absorbé, blême, et serrant les
[dents.
S'ils ne sont pas divins, ces moments sont
[horribles,

ou grotesques!... Oh! ma pauvre
enfant, quel génie farceur, quel
esprit pervers, te pouvait donc souffler tes mots... de la fin?

Je les ai collectionnés ; mais, par
amour pour toi, je ne les montrerai
pas.

Et puis tu manquais vraiment d'à-

propos, et tu trouvais moyen de
lâcher un « *je t'aime* », exalté en
certaines occasions si singulières,
qu'il me fallait comprimer de fu-
rieuses envies de rire. Il est des
instants où cette parole-là : « *Je
t'aime!* est si déplacée qu'elle en
devient inconvenante, sache-le bien.

Mais tu ne me comprends pas.

Bien des femmes aussi ne me com-
prendront point et me jugeront
stupide. Peu m'importe, d'ailleurs.
Les affamés mangent en gloutons,
mais les délicats sont dégoûtés, et
ils ont souvent, pour peu de chose,
d'invincibles répugnances. Il en
est de l'amour comme de la cuisine.

Ce que je ne comprends pas, par
exemple, c'est que certaines femmes

qui connaissent si bien l'irrésistible
séduction des bas de soie fins et brodés, et le charme exquis des nuan-
ces, et l'ensorcellement des précieu-
ses dentelles cachées dans la profon-
deur des toilettes intimes, et la
troublante saveur du luxe secret,
des dessous raffinés, toutes les sub-
tiles délicatesses des élégances fémi-
nines, ne comprennent jamais l'irrésistible dégoût que nous inspirent
les paroles déplacées ou niaisement
tendres.

Un mot brutal, parfois, fait mer-
veille, fouette la chair, fait bondir
le cœur. Ceux-là sont permis aux
heures de combat. Celui de Cam-
bronne n'est-il pas sublime ? Rien ne
choque qui vient à temps. Mais il
faut aussi savoir se taire, et éviter

en certains moments les phrases à
la Paul de Kock.

Et je t'embrasse passionnément, à
condition que tu ne diras rien.

RENÉ.

UNE AVENTURE PARISIENNE

1.

UNE AVENTURE PARISIENNE

ST-IL un sentiment plus aigu que la curiosité chez la femme ? Oh ! savoir, connaître, toucher ce qu'on a rêvé ! Que ne ferait-elle pas pour cela ? Une femme, quand sa curiosité impatiente est en éveil, commettra toutes les folies, toutes les impru-

dences, aura toutes les audaces ; ne
reculera devant rien. Je parle des
femmes vraiment femmes, douées
de cet esprit à triple fond qui semble, à la surface, raisonnable et
froid, mais dont les trois comparti-
ments secrets sont remplis : l'un,
d'inquiétude féminine toujours agi-
tée ; l'autre, de ruse colorée en
bonne foi, de cette ruse de dévots,
sophistique et redoutable ; le dernier enfin, de canaillerie charmante,
de tromperie exquise, de délicieuse
perfidie, de toutes ces perverses
qualités qui poussent au suicide les
amants imbécilement crédules, mais
ravissent les autres.

Celle dont je veux dire l'aventure
était une petite provinciale, plate-
ment honnête jusque-là. Sa vie,

calme en apparence, s'écoulait dans
son ménage, entre un mari très
occupé et deux enfants, qu'elle éle-
vait en femme irréprochable. Mais
son cœur frémissait d'une curiosité
inassouvie, d'une démangeaison d'in-
connu. Elle songeait à Paris, sans
cesse, et lisait avidement les journaux mondains. Le récit des fêtes,
des toilettes, des joies, faisait bouil-
lonner ses désirs ; mais elle était
surtout mystérieusement troublée
par les échos pleins de sous-enten-
dus, par les voiles à demi soulevés
en des phrases habiles, et qui lais-
sent entrevoir des horizons de jouis-
sances coupables et ravageantes.

De là-bas elle apercevait Paris
dans une apothéose de luxe magnifique et corrompu. Et pendant les

longues nuits de rêve, bercée par le
ronflement régulier de son mari qui
dormait à ses côtés sur le dos, avec
un foulard autour du crâne, elle
songeait à ces hommes connus dont
les noms apparaissent à la première
page des journaux comme de grandes
étoiles dans un ciel sombre ; et elle
se figurait leur vie affolante, avec
de continuelles débauches, des orgies
antiques épouvantablement volup-
tueuses et des raffinements de sen-
sualité si compliqués qu'elle ne
pouvait même se les figurer.

Les boulevards lui semblaient
être une sorte de gouffre des passions
humaines ; et toutes leurs maisons
recélaient assurément des mystères
d'amour prodigieux.

Elle se sentait vieillir cependant.

Elle vieillissait sans avoir rien connu
de la vie, sinon ces occupations régu-
lières, odieusement monotones et
banales qui constituent, dit-on, le
bonheur du foyer. Elle était jolie
encore, conservée dans cette existence tranquille comme un fruit
d'hiver dans une armoire close. Mais
rongée, ravagée, bouleversée d'ardeurs secrètes. Elle se demandait si
elle mourrait sans avoir connu toutes
ces ivresses damnantes, sans s'être
jetée une fois, une seule fois, tout
entière dans ce flot des voluptés
parisiennes.

Avec une longue persévérance,
elle prépara un voyage à Paris, in-
venta un prétexte, se fit inviter par
des parents, et son mari ne pouvant
l'accompagner, partit seule.

Sitôt arrivée, elle sut imaginer
des raisons qui lui permettraient au
besoin de s'absenter deux jours ou
plutôt deux nuits s'il le fallait, ayant
retrouvé, disait-elle, des amis qui
demeuraient dans la campagne sub-
urbaine.

Et elle chercha. Elle parcourut
les boulevards sans rien voir, sinon
le vice errant et numéroté. Elle
sonda de l'œil les grands cafés, lut
attentivement la petite correspon-
dance du *Figaro*, qui lui apparaissait chaque matin comme un tocsin,
un rappel de l'amour.

Et jamais rien ne la mettait sur la
trace de ces grandes orgies d'artistes et d'actrices; rien ne lui révélait
les temples de ces débauches qu'elle
imaginait fermés par un mot magi-

que, comme la caverne des *Mille et
une Nuits* et ces catacombes de
Rome, où s'accomplissaient secrète-
ment les mystères d'une religion
persécutée.

Ses parents, petits bourgeois, ne
pouvaient lui faire connaître aucun
de ces hommes en vue dont les noms
bourdonnaient dans sa tête, et, dé-
sespérée, elle songeait à s'en retourner, quand le hasard vint à son
aide.

Un jour, comme elle descendait la
rue de la Chaussée-d'Antin, elle
s'arrêta à contempler un magasin
rempli de ces bibelots japonais si
colorés qu'ils donnent aux yeux une
sorte de gaieté. Elle considérait les
mignons ivoires bouffons, les grandes
potiches aux émaux flambants, les

bronzes bizarres, quand elle entendit, à l'intérieur de la boutique, le
patron qui, avec force révérences,
montrait à un gros petit homme
chauve de crâne, et gris de menton,
un énorme magot ventru, pièce unique, disait-il.

Et à chaque phrase du marchand
le nom de l'amateur, un nom célèbre,
sonnait comme un appel de clai-
ron. Les autres clients, des jeunes
femmes, des messieurs élégants,
contemplaient, d'un coup d'œil furtif
et rapide, d'un coup d'œil comme il
faut et manifestement respectueux,
l'écrivain renommé qui, lui, regardait passionnément le magot de porcelaine. Ils étaient aussi laids l'un
que l'autre, laids comme deux frères
sortis du même flanc.

Le marchand disait : « Pour vous,
monsieur Jean Varin, je le lais-
serai à mille francs ; c'est juste
ce qu'il me coûte. Pour tout le
monde ce serait quinze cents ; mais
je tiens à ma clientèle d'artistes et
je lui fais des prix spéciaux. Ils
viennent tous chez moi, monsieur
Jean Varin. Hier, M. Busnach m'a-
chetait une grande coupe ancienne.
J'ai vendu l'autre jour deux flam-
beaux comme ça (sont-ils beaux,
dites ?) à M. Alexandre Dumas.
Tenez, cette pièce, que vous tenez
là, si M. Zola la voyait, elle serait
vendue, monsieur Varin. »

L'écrivain très perplexe hésitait,
sollicité par l'objet, mais songeant à
la somme ; et il ne s'occupait pas
plus des regards que s'il eût été
seul dans un désert.

Elle était entrée tremblante,
l'œil fixé effrontément sur lui,
et elle ne se demandait même
pas s'il était beau, élégant ou
jeune. C'était Jean Varin lui-même,
Jean Varin!

Après un long combat, une dou-
loureuse hésitation, il reposa la
potiche sur une table. « Non, c'est
trop cher, » dit-il.

Le marchand redoublait d'élo-
quence. « Oh! monsieur Jean Varin,
trop cher? cela vaut deux mille
francs comme un sou. »

L'homme de lettres répliqua tris-
tement en regardant toujours le
bon homme aux yeux d'émail : « Je
ne dis pas non; mais c'est trop cher
pour moi. »

Alors, elle, saisie d'une audace

affolée, s'avança : « Pour moi, dit-
elle, combien ce bonhomme ? »

Le marchand, surpris, répliqua :
« Quinze cents francs, madame. »

« Je le prends. »

L'écrivain, qui jusque-là ne
l'avait pas même aperçue, se retourna brusquement, et il la regarda des
pieds à la tête en observateur, l'œil
un peu fermé ; puis, en connaisseur,
il la détailla.

Elle était charmante, animée,
éclairée soudain par cette flamme
qui jusque-là dormait en elle. Et
puis une femme qui achète ainsi un
bibelot quinze cents francs n'est
pas la première venue.

Elle eut alors un mouvement de
ravissante délicatesse ; et se tournant vers lui, la voix tremblante :

11.

« Pardon, monsieur, j'ai été sans
doute un peu vive; vous n'aviez
peut-être pas dit votre dernier mot. »

Il s'inclina : « Je l'avais dit, madame. »

Mais elle, tout émue : « Enfin,
monsieur, aujourd'hui ou plus tard,
s'il vous convient de changer d'avis,
ce bibelot est à vous. Je ne l'ai
acheté que parce qu'il vous avait
plu. »

Il sourit, visiblement flatté :
« Comment donc me connaissiez-
vous ? » dit-il.

Alors elle lui parla de son admi-
ration, lui cita ses œuvres, fut
éloquente.

Pour causer, il s'était accoudé à
un meuble et, plongeant en elle ses
yeux aigus, il cherchait à la deviner.

Quelquefois, le marchand, heureux de posséder cette réclame vivante, de nouveaux clients étant entrés, criait à l'autre bout du magasin : « Tenez, regardez ça, monsieur Jean Varin, est-ce beau ? » Alors toutes les têtes se levaient, et elle frissonnait de plaisir à être vue ainsi causant intimement avec un Illustre.

Grisée enfin, elle eut une audace suprême, comme les généraux qui vont donner l'assaut. — « Monsieur, dit-elle, faites-moi un grand, un très grand plaisir. Permettez-moi de vous offrir ce magot comme souvenir d'une femme qui vous admire passionnément, et que vous aurez vue dix minutes. »

Il refusa. Elle insistait. Il ré-

sista, très amusé, riant de grand
cœur.

Elle, obstinée, lui dit : « Eh bien !
je vais le porter chez vous tout de
suite ; où demeurez-vous ? »

Il refusa de donner son adresse ;
mais elle, l'ayant demandée au marchand, la connut, et, son acquisition
payée, elle se sauva vers un fiacre.
L'écrivain courut pour la rattraper,
ne voulant point s'exposer à recevoir ce cadeau, qu'il ne saurait à
qui rapporter. Il la joignit quand
elle sautait en voiture, et il s'élança,
tomba presque sur elle, culbuté par
le fiacre qui se mettait en route ;
puis il s'assit à son côté, fort ennuyé.

Il eut beau prier, insister, elle se
montra intraitable. Comme ils arri-
vaient devant la porte, elle posa ses

conditions. « Je consentirai, dit-elle, à ne point vous laisser cela, si vous accomplissez aujourd'hui toutes mes volontés. »

La chose lui parut si drôle, qu'il accepta.

Elle demanda : « Que faites-vous ordinairement à cette heure-ci ? »

Après un peu d'hésitation : « Je me promène », dit-il.

Alors, d'une voix résolue, elle ordonna : « Au Bois ! »

Ils partirent.

Il fallut qu'il lui nommât toutes les femmes connues, surtout les impures, avec des détails intimes sur elles, leur vie, leurs habitudes, leur intérieur, leurs vices.

Le soir tomba. « Que faites-vous tous les jours à cette heure ? » dit-elle.

Il répondit en riant : « Je prends
l'absinthe. »

Alors, gravement, elle ajouta :
« Alors, monsieur, allons prendre
l'absinthe. »

Ils entrèrent dans un grand café
du boulevard qu'il fréquentait, et
où il rencontra des confrères. Il les
lui présenta tous. Elle était folle de
joie. Et ce mot sonnait sans répit
dans sa tête : « Enfin, enfin ! »

Le temps passait, elle demanda :
« Est-ce l'heure de votre dîner ? »

Il répondit : « Oui, madame. »

« Alors, monsieur, allons dîner. »

En sortant du café Bignon : « Le
soir, que faites-vous ? » dit-elle.

Il la regarda fixement : « Cela
dépend ; quelquefois je vais au théâtre. »

« Eh bien, monsieur, allons au théâtre. »

Ils entrèrent au Vaudeville, par faveur, grâce à lui, et, gloire suprême, elle fut vue par toute la salle à son côté, assise aux fauteuils de balcon.

La représentation finie, il lui baisa galamment la main : « Il me reste, madame, à vous remercier de la journée délicieuse..... » Elle l'interrompit. — « A cette heure-ci, que faites-vous toutes les nuits? »

« Mais... mais... je rentre chez moi. »

Elle se mit à rire, d'un rire tremblant. « Et bien, monsieur... allons chez vous. »

Et ils ne parlèrent plus. Elle frissonnait par instants, toute secouée

des pieds à la tête, ayant des envies
de fuir et des envies de rester, avec,
tout au fond du cœur, une bien
ferme volonté d'aller jusqu'au bout.

Dans l'escalier, elle se crampon-
nait à la rampe, tant son émotion
devenait vive ; et, il montait devant,
essoufflé, une allumette-bougie à
la main.

Dès qu'elle fut dans la chambre,
elle se déshabilla bien vite et se
glissa dans le lit sans prononcer une
parole ; et elle attendit, blottie contre
le mur.

Mais elle était simple comme peut
l'être l'épouse légitime d'un notaire
de province, et lui plus exigeant
qu'un pacha à trois queues. Ils ne se
comprirent pas, pas du tout.

Alors il s'endormit. La nuit

s'écoula, troublée seulement par le
tic-tac de la pendule ; et elle, immobile, songeait aux nuits conjugales ;
et sous les rayons jaunes d'une lan-
terne chinoise elle regardait, navrée,
à son côté, ce petit homme sur le
dos, tout rond, dont le ventre en
boule soulevait le drap comme un
ballon gonflé de gaz. Il ronflait avec
un bruit de tuyau d'orgue, des re-
nâclements prolongés, des étrangle-
ments comiques. Ses vingt cheveux
profitaient de son repos pour se re-
brousser étrangement, fatigués de
leur longue station fixe sur ce crâne
nu dont ils devaient voiler les ravages. Et un filet de salive coulait
d'un coin de sa bouche entr'ouverte.

L'aurore enfin glissa un peu de
jour entre les rideaux fermés. Elle

se leva, s'habilla sans bruit, et, déjà
elle avait ouvert à moitié la porte,
quand elle fit grincer la serrure et
il s'éveilla en se frottant les yeux.

Il demeura quelques secondes
avant de reprendre entièrement ses
sens, puis, quand toute l'aventure
lui fut revenue, il demanda : — « Eh
bien, vous partez ? »

Elle restait debout, confuse. Elle
balbutia : « Mais oui, voici le matin. »

Il se mit sur son séant : « Voyons,
dit-il, à mon tour j'ai quelque chose
à vous demander. »

Elle ne répondait pas, il reprit :
« Vous m'avez bigrement étonné depuis hier. Soyez franche, avouez-
moi pourquoi vous avez fait tout ça ;
car je n'y comprends rien. »

Elle se rapprocha doucement, rougissante comme une vierge. — « J'ai voulu connaître... le... le vice... eh bien,... eh bien, ce n'est pas drôle. »

Et elle se sauva, descendit l'escalier, se jeta dans la rue.

L'armée des balayeurs balayait. Ils balayaient les trottoirs, les pavés, poussant toutes les ordures au ruisseau. Du même mouvement régulier, d'un mouvement de faucheurs dans les prairies, ils repoussaient les boues en demi-cercle devant eux; et, de rue en rue, elle les retrouvait comme des pantins montés, marchant automatiquement avec un ressort pareil.

Et il lui semblait qu'en elle aussi on venait de balayer quelque chose, de pousser au ruisseau, à l'égout, ses rêves surexcités.

Elle rentra, essoufflée, glacée, gardant seulement dans sa tête la sensation de ce mouvement des balais nettoyant Paris au matin.

Et, dès qu'elle fut dans sa chambre, elle sanglota.

MARROCA

12.

MARROCA

ON ami, tu m'as demandé de t'envoyer mes impressions, mes aventures, et surtout mes histoires d'amour sur cette terre d'Afrique qui m'attirait depuis si longtemps. Tu riais beaucoup, d'avance, de mes tendresses noires, comme tu disais: et tu me voyais

déjà revenir suivi d'une grande
femme en ébène, coiffée d'un foulard
jaune, et balottante en des vêtements
éclatants.

Le tour des Mauricaudes viendra
sans doute, car j'en ai vu déjà plusieurs qui m'ont donné quelque
envie de me tremper en cette
encre ; mais je suis tombé pour mon
début sur quelque chose de mieux
et de singulièrement original.

Tu m'as écrit, dans ta dernière
lettre : « Quand je sais comment on
aime dans un pays, je connais ce
pays à le décrire, bien que ne l'ayant
jamais vu. » Sache qu'ici on aime
furieusement. On sent, dès les premiers jours, une sorte d'ardeur fré-
missante, un soulèvement, une
brusque tension des désirs, un éner-

vement courant au bout des doigts,
qui surexcitent à les exaspérer nos
puissances amoureuses et toutes
nos facultés de sensation physique,
depuis le simple contact des mains
jusqu'à cet innommable besoin qui
nous fait commettre tant de sottises.

Entendons-nous bien. Je ne sais
si ce que vous appelez l'amour du
cœur, l'amour des âmes, si l'idéa-
lisme sentimental, le platonisme
enfin, peut exister sous ce ciel; j'en
doute même. Mais l'autre amour,
celui des sens, qui a du bon, et
beaucoup de bon, est véritablement
terrible en ce climat. La chaleur,
cette constante brûlure de l'air qui
vous enfièvre, ces souffles suffo-
cants du Sud, ces marées de feu
venues du grand désert si proche,

ce lourd sirocco, plus ravageant,
plus desséchant que la flamme, ce
perpétuel incendie d'un continent
tout entier brûlé jusqu'aux pierres
par un énorme et dévorant soleil,
embrâsent le sang, affolent la chair,
embestialisent.

Mais j'arrive à mon histoire. Je
ne te dis rien de mes premiers temps
de séjour en Algérie. Après avoir
visité Bône, Constantine, Biskra
et Aumale, je suis venu à Bougie
par les gorges du Chabet, et une
incomparable route au milieu des
forêts kabyles, qui suit la mer en la
dominant de deux cents mètres,
et serpente selon les festons de la
haute montagne, jusqu'à ce mer-
veilleux golfe de Bougie aussi beau
que celui de Naples, que celui

d'Ajaccio et que celui de Douarnenez,
les plus admirables que je connaisse.
J'excepte dans ma comparaison
cette invraisemblable baie de Porto,
ceinte de granit rouge, et habitée
par les fantastiques et sanglants
géants de pierre qu'on appelle les
Calanche de Piana, sur les côtes
Ouest de la Corse.

De loin, de très loin, avant de
contourner le grand bassin où dort
l'eau pacifique, on aperçoit Bougie.
Elle est bâtie sur les flancs rapides
d'un mont très élevé et couronné
par des bois. C'est une tache
blanche dans cette pente verte ; on
dirait l'écume d'une cascade tombant
à la mer.

Dès que j'eus mis le pied dans
cette toute petite et ravissante ville,

je compris que j'allais y rester longtemps. De partout l'œil embrasse
un vaste cercle de sommets crochus,
dentelés, cornus et bizarres, tellement fermé qu'on découvre à peine
la pleine mer, et que le golfe a l'air
d'un lac. L'eau bleue, d'un bleu
laiteux, est d'une transparence admirable ; et le ciel d'azur, d'un azur
épais, comme s'il avait reçu deux
couches de couleur, étale au-dessus
sa surprenante beauté. Ils semblent
se mirer l'un dans l'autre et se
renvoyer leurs reflets.

Bougie est la ville des ruines. Sur
le quai, en arrivant, on rencontre
un débris si magnifique, qu'on le
dirait d'opéra. C'est la vieille porte
Sarrazine, envahie de lierre. Et
dans les bois montueux autour de la

cité, partout des ruines, des pans
de murailles romaines, des morceaux de monuments sarrazins, des
restes de constructions arabes.

J'avais loué dans la ville haute
une petite maison mauresque. Tu
connais ces demeures si souvent dé-
crites. Elles ne possèdent point de
fenêtres en dehors; mais une cour
intérieure les éclaire du haut en
bas. Elles ont, au premier, une
grande salle fraîche où l'on passe
les jours, et, tout en haut, une terrasse où l'on passe les nuits.

Je me mis tout de suite aux cou-
tumes des pays chauds, c'est-à-dire
à faire la sieste après mon déjeuner.
C'est l'heure étouffante d'Afrique,
l'heure où l'on ne respire plus,
l'heure où les rues, les plaines, les

longues routes aveuglantes sont dé-
sertes, où tout le monde dort,
essaye au moins de dormir, avec
aussi peu de vêtements que possible.

J'avais installé dans ma salle à
colonnettes d'architecture arabe un
grand divan moëlleux, couvert de
tapis du Djebel-Amour. Je m'éten-
dais là-dessus à peu près dans le
costume d'Assan, mais je n'y pouvais
guère reposer, torturé par ma con-
tinence.

Oh! mon ami, il est deux sup-
plices de cette terre que je te sou-
haite de ne jamais connaître : le
manque d'eau et le manque de
femmes. Lequel est le plus affreux?
Je ne sais. Dans le désert, on com-
mettrait toutes les infamies pour un
verre d'eau claire et froide. Que ne

ferait-on pas en certaines villes du
littoral pour une belle fille fraîche
et saine? Car elles ne manquent pas,
les filles, en Afrique! Elles foison-
nent, au contraire; mais, pour con-
tinuer ma comparaison, elles y sont
tout aussi malfaisantes et pourries
que le liquide fangeux des puits
Sahariens.

Or, voici qu'un jour, plus énervé
que de coutume, je tentai, mais en
vain, de fermer les yeux. Mes jambes
vibraient comme piquées en dedans;
une angoisse inquiète me retournait
à tout moment sur mes tapis. Enfin,
n'y tenant plus, je me levai, et je
sortis.

C'était en juillet, par un après-
midi torride. Les pavés des rues
étaient chauds à cuire du pain; la

chemise, tout de suite trempée, col-
lait au corps ; et, par tout l'horizon,
flottait une petite vapeur blanche,
cette buée ardente du sirocco, qui
semble de la chaleur palpable.

Je descendis près de la mer ; et,
contournant le port, je me mis à
suivre la berge le long de la jolie
baie où sont les bains. La montagne
escarpée, couverte de taillis, de
hautes plantes aromatiques aux
senteurs puissantes, s'arrondit en
cercle autour de cette crique où
trempent, tout le long du bord, de
gros rochers bruns.

Personne dehors ; rien ne remuait ;
pas un cri de bête, un vol d'oiseau,
pas un bruit, pas même un clapote-
ment, tant la mer immobile parais-
sait engourdie sous le soleil. Mais

dans l'air cuisant, je croyais saisir
une sorte de bourdonnement de feu.

Soudain, derrière une de ces
roches à demi noyées dans l'onde
silencieuse, je devinai un léger mouvement; et, m'étant retourné, j'aperçus, prenant son bain, se croyant
bien seule à cette heure brûlante,
une grande fille nue, enfoncée jusqu'aux seins. Elle tournait la tête
vers la pleine mer, et sautillait doucement sans me voir.

Rien de plus étonnant que ce
tableau : cette belle femme dans
cette eau transparente comme du
verre, sous cette lumière aveuglante.
Car elle était belle merveilleuse-
ment, cette femme, grande, modelée
en statue.

Elle se retourna, poussa un cri;

13.

et, moitié nageant, moitié marchant,
se cacha tout à fait derrière sa roche.

Comme il fallait bien qu'elle sortît,
je m'assis sur la berge et j'attendis.
Alors elle montra tout doucement sa
tête surchargée d'une montagne de
cheveux noirs liés à la diable. Sa
bouche était large, aux lèvres
retroussées comme des bourrelets,
ses yeux énormes, effrontés, et toute
sa chair un peu brunie par le climat
semblait une chair d'ivoire ancien,
dure et douce, de belle race blanche
teintée par le soleil des nègres.

Elle me cria « Allez-vous-en. » Et
sa voix pleine, un peu forte comme
toute sa personne, avait un accent
guttural. Je ne bougeai point. Elle
ajouta : « Ça n'est pas bien de rester
là, monsieur. » Les *r*, dans sa

bouche, roulaient comme des cha-
riots. Je ne remuai pas davantage.
La tête disparut.

Dix minutes s'écoulèrent; et les
cheveux, puis le front, puis les yeux
se remontrèrent avec lenteur et
prudence, comme font les enfants
qui jouent à cache-cache pour obser-
ver celui qui les cherche.

Cette fois, elle eut l'air furieux;
elle cria : « Vous allez me faire
attraper mal. Je ne partirai pas
tant que vous serez là. » Alors je
me levai et m'en allai, non sans me
retourner souvent. Quand elle me
jugea assez loin, elle sortit de l'eau,
à demi courbée, me tournant ses
reins; et elle disparut dans un
creux du roc, derrière une jupe sus-
pendue à l'entrée.

Je revins le lendemain. Elle était
encore au bain, mais vêtue d'un
costume entier. Elle se mit à rire
en me montrant ses dents luisantes.

Huit jours après, nous étions amis.
Huit jours de plus, et nous le deve-
nions encore davantage.

Elle s'appelait Marroca, d'un surnom, sans doute, et prononçait ce
mot comme s'il eût contenu quinze r.
Fille de colons espagnols, elle avait
épousé un Français nommé Ponta-
bèze. Son mari était employé de
l'Etat. Je n'ai jamais su bien au juste
quelles fonctions il remplissait. Je
constatai qu'il était fort occupé, et
je n'en demandai pas plus long.

Alors, changeant l'heure de son
bain, elle vint chaque jour après
mon déjeuner faire la sieste en ma

maison. Quelle sieste! Si c'est là se
reposer !

C'était vraiment une admirable
fille, d'un type un peu bestial, mais
superbe. Ses yeux semblaient toujours luisants de passion ; sa bouche
entr'ouverte, ses dents pointues,
son sourire même avaient quelque
chose de férocement sensuel; et ses
seins étranges, allongés et droits,
aigus comme des poires de chair,
élastiques comme s'ils eussent ren-
fermé des ressorts d'acier, donnaient
à son corps quelque chose d'animal,
faisaient d'elle une sorte d'être in-
férieur et magnifique, de créature destinée à l'amour désor-
donné, éveillaient en moi l'idée
des obscènes divinités antiques,
dont les tendresses libres s'éta-

laient au milieu des herbes et des
feuilles.

Et jamais femme ne porta dans
ses flancs de plus inapaisables désirs.
Ses ardeurs acharnées et ses hur-
lantes étreintes, avec des grince-
ments de dents, des convulsions et
des morsures, étaient suivies presque aussitôt d'assoupissements profonds comme une mort. Mais elle se
reveillait brusquement en mes bras,
toute prête à des enlacements nouveaux, la gorge gonflée de baisers.

Son esprit, d'ailleurs, était simple
comme deux et deux font quatre, et
un rire sonore lui tenait lieu de
pensée.

Fière par instinct de sa beauté,
elle avait en horreur les voiles les
plus légers ; et elle circulait, cou-

rait, gambadait dans ma maison
avec une impudeur inconsciente et
hardie. Quand elle était enfin repue
d'amour, épuisée de cris et de mouvement, elle dormait à mes côtés,
sur le divan, d'un sommeil fort et
paisible ; tandis que l'accablante
chaleur faisait pointer sur sa peau
brunie de minuscules gouttes de
sueur, dégageait d'elle, de ses bras
relevés sous sa tête, de tous ses
replis secrets, cette odeur fauve qui
plait aux mâles.

Quelquefois elle revenait le soir,
son mari étant de service je ne sais
où. Nous nous étendions alors sur la
terrasse, à peine enveloppés en de fins
et flottants tissus d'Orient.

Quand la grande lune illuminante
des pays chauds s'étalait en plein

dans le ciel, éclairant la ville et le
golfe avec son cadre arrondi de
montagnes, nous apercevions alors
sur toutes les autres terrasses comme
une armée de silencieux fantômes
étendus qui parfois se levaient,
changeaient de place, et se recou-
chaient sous la tiédeur langoureuse
du ciel apaisé.

Malgré l'éclat de ces soirées d'A-
frique, Marroca s'obstinait à se
mettre nue encore sous les clairs
rayons de la lune; elle ne s'in-
quiétait guère de tous ceux qui
nous pouvaient voir, et souvent
elle poussait par la nuit, malgré mes
craintes et mes prières, de longs
cris vibrants, qui faisaient au loin
hurler les chiens.

Comme je sommeillais un soir,

sous le large firmament tout bar-
bouillé d'étoiles, elle vint s'age-
nouiller sur mon tapis, et approchant de ma bouche ses grandes
lèvres retournées : « Il faut, dit-elle,
que tu viennes dormir chez moi. »

Je ne comprenais pas. — « Comment, chez toi ? »

— « Oui, quand mon mari sera
parti, tu viendras dormir à sa
place. »

Je ne pus m'empêcher de rire.

— « Pourquoi ça, puisque tu viens
ici ? »

Elle reprit, en me parlant dans
la bouche, me jetant son haleine
chaude au fond de la gorge, mouil-
lant ma moustache de son souffle :

— « C'est pour me faire un souvenir. » Et l'*r* de souvenir traîna long-

14

temps avec un fracas de torrent sur
des roches.

· Je ne saisissais point son idée.
Elle passa ses bras à mon cou.
— « Quand tu ne seras plus là, dit-
elle, j'y penserai. Et quand j'embras-
serai mon mari, il me semblera que
ce sera toi. »

Et les *rrrai* et les *rrra* prenaient
en sa voix des grondements de ton-
nerres familiers.

Je murmurai, attendri et très
égayé : — « Mais tu es folle. J'aime
mieux rester chez moi. »

Je n'ai, en effet, aucun goût pour
les rendez-vous sous un toit con-
jugal; ce sont là des souricières où
sont toujours pris les imbéciles.
Mais elle me pria, me supplia, pleura
même, ajoutant : — « Tu verras

comme je t'aimerrrai. » *T'aimerrrai*
retentissait à la façon d'un roulement
de tambour battant la charge.

Son désir me semblait tellement
singulier que je ne me l'expliquais
point ; puis, en y songeant, je crus
démêler quelque haine profonde
contre son mari, une de ces ven-
geances secrètes de femme qui
trompe avec délices l'homme ab-
horré, et le veut encore tromper
chez lui, dans ses meubles, dans ses
draps.

Je lui dis : — « Ton mari est très
méchant pour toi ? »

Elle prit un air fâché. — « Oh
non, très bon. » -

— « Mais, tu ne l'aimes pas, toi ? »

Elle me fixa avec ses larges yeux
étonnés.

— « Si, je l'aime beaucoup, au contraire, beaucoup, beaucoup, mais pas tant que toi, mon cœurrr. »

Je ne comprenais plus du tout et, comme je cherchais à deviner, elle appuya sur ma bouche une de ces caresses dont elle connaissait le pouvoir, puis elle murmura : « Tu viendrras, dis ? »

Je résistai cependant. Alors elle s'habilla tout de suite et s'en alla.

Elle fut huit jours sans se montrer. Le neuvième jour elle reparut, s'arrêta gravement sur le seuil de ma chambre et demanda : « Viendras-tu ce soir dorrrmirrr chez moi? Si tu ne viens pas, je m'en vais. »

Huit jours, c'est long, mon ami, et, en Afrique, ces huit jours-là valaient bien un mois. Je criai :

« Oui » et j'ouvris les bras. Elle s'y jeta.

Elle m'attendit, à la nuit, dans une rue voisine, et me guida.

Ils habitaient près du port une petite maison basse. Je traversai d'abord une cuisine où le ménage prenait ses repas, et je pénétrai dans la chambre blanchie à la chaux, propre, avec des photographies de parents le long des murs et des fleurs de papier sous des globes. Marroca semblait folle de joie : elle sautait, répétant : « Te voilà chez nous, te voilà chez toi. »

J'agis en effet comme chez moi.

J'étais un peu gêné, je l'avoue, même inquiet. Comme j'hésitais, dans cette demeure inconnue, à me

14.

séparer de certain vêtement sans
lequel un homme surpris devient
aussi gauche que ridicule, et inca-
pable de toute action, elle me l'ar-
racha de force et emporta dans la
pièce voisine, avec toutes mes autres hardes, ce fourreau de la viri-
lité.

Je repris enfin mon assurance et je
le lui prouvai de tout mon pouvoir,
si bien qu'au bout de deux heures
nous ne songions guère encore au'
repos, quand des coups violents frap-
pés soudain contre la porte nous
firent tressaillir; et une voix forte
d'homme cria : « Marroca, c'est
moi. »

Elle fit un bond : « Mon mari!
Vite, cache-toi sous le lit. » Je
cherchais éperdûment mon pan-

talon ; mais elle me poussa, hale-
tante : « Va donc, va donc. »

Je m'étendis à plat ventre et me
glissai sans murmurer sous ce lit,
sur lequel j'étais si bien.

Alors elle passa dans la cuisine.
Je l'entendis ouvrir une armoire, la
fermer; puis elle revint, apportant un
objet que je n'aperçus pas, mais
qu'elle posa vivement quelque part;
et, comme son mari perdait pa-
tience, elle répondit d'une voix forte
et calme. « Je ne trrrouve pas les
allumettes » ; puis soudain : « Les
voilà, je t'ouvrrre. » Et elle ouvrit.

L'homme entra. Je ne vis que ses
pieds, des pieds énormes. Si le reste
se trouvait en proportion, il devait
être un colosse.

J'entendis des baisers, une tape

sur de la chair nue, un rire ; puis il
dit, avec un accent marseillais :
« Z'ai oublié ma bourse, té, il a fallu
revenir. Autrement, je crois que tu
dormais de bon cœur. » Il alla vers
la commode, chercha longtemps ce
qu'il lui fallait, puis Marroca s'étant
étendue sur le lit comme accablée
de fatigue, il revint à elle, et sans
doute il essayait de la caresser, car
elle lui envoya, en phrases irritées,
une mitraille d'*r* furieux.

Les pieds étaient si près de moi
qu'une envie folle, stupide, inexpli-
cable, me saisit de les toucher tout
doucement. Je me retins.

Comme il ne réussissait pas en
ses projets, il se vexa. « Tu es bien
méçante aujourd'hui », dit-il. Mais
il en prit son parti. « Adieu, pétite. »

Un nouveau baiser sonna ; puis les
gros pieds se retournèrent, me firent
voir leurs clous en s'éloignant, pas-
sèrent dans la pièce voisine, et la
porte de la rue se referma.

J'étais sauvé !

Je sortis lentement de ma retraite,
humble et piteux ; et tandis que
Marroca, toujours nue, dansait une
gigue autour de moi en riant aux
éclats et battant des mains, je me
laissai tomber lourdement sur une
chaise. Mais je me relevai d'un bond,
une chose froide gisait sous moi, et
comme je n'étais pas plus vêtu que
ma complice, le contact m'avait
saisi. Je me retournai. Je venais de
m'asseoir sur une petite hachette à
fendre le bois, aiguisée comme un
couteau. Comment était-elle venue

à cette place? Je ne l'avais pas aperçue en entrant.

Marroca, voyant mon sursaut,
étouffait de gaîté, poussait des cris,
toussait, les deux mains sur son
ventre.

Je trouvai cette joie déplacée, inconvenante. Nous avions joué notre
vie stupidement; j'en avais encore
froid dans le dos, et ces rires fous
me blessaient un peu.

— « Et si ton mari m'avait vu »,
lui demandai-je.

Elle répondit : — « Pas de danger. »

— « Comment ! pas de danger.
Elle est roide, celle-là ! Il lui suffisait
de se baisser pour me trouver. »

Elle ne riait plus, elle souriait
seulement en me regardant de ses

grands yeux fixes, où germaient de
nouveaux désirs.

— « Il ne se serait pas baissé. »

J'insistai. « Par exemple ! S'il
avait seulement laissé tomber son
chapeau, il aurait bien fallu le ra-
masser, alors.... J'étais propre, moi,
dans ce costume. »

Elle posa sur mes épaules ses bras
ronds et vigoureux, et, baissant le
ton, comme si elle m'eût dit : « Je
t'adorrre », elle murmura: «Alorrrs,
il ne se serait pas relevé. »

Je ne comprenais point :

— « Pourquoi ça ? »

Elle cligna de l'œil avec malice,
allongea sa main vers la chaise où
je venais de m'asseoir ; et son doigt
tendu, le pli de sa joue, ses lèvres
entr'ouvertes, ses dents pointues,

claires et féroces, tout cela me montrait la petite hachette à fendre le
bois, dont le tranchant aigu luisait.

Elle fit le geste de la prendre ;
puis, m'attirant du bras gauche tout
contre elle, serrant sa hanche à la
mienne, du bras droit elle esquissa
le mouvement qui décapite un homme
à genoux. !....

Et voilà, mon cher, comment on
comprend ici les devoirs conjugaux,
l'amour et l'hospitalité !

TABLE DES MATIÈRES

15

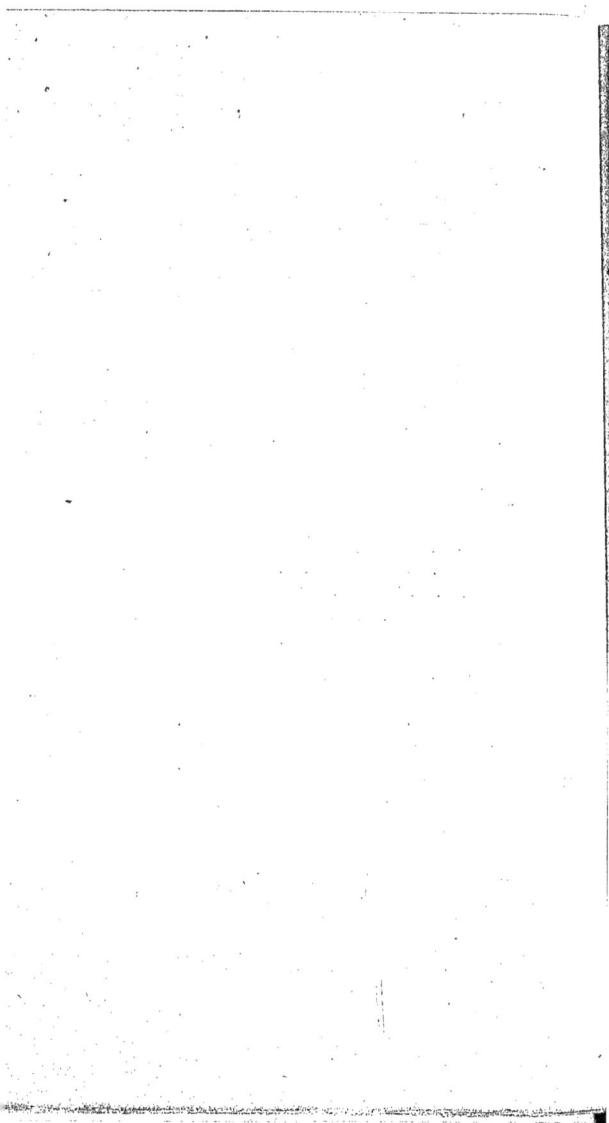

ACHEVÉ D'IMPRIMER

le 5 mai 1882.

PAR A. LEFÈVRE, A BRUXELLES

POUR

Henry KISTEMAECKERS, Editeur

à Bruxelles.

CHEZ LE MÊME ÉDITEUR

Dans la même collection :

Léon CLADEL — **Petits cahiers.**

Francis ENNE — **D'après nature.**

L. HENNIQUE — **Deux Nouvelles.**

G. LEMONNIER — **Le Mort.**

Pierre ELZÉAR — **La Femme de Roland.**

J.-K. HUYSMANS — **A Vau-l'Eau.**

GUY DE MAUPASSANT — **Mlle Fifi**

Sous presse :

LE CRIME DU VIEUX BLAS

par Catulle MENDÈS.

Plusieurs autres volumes sont en préparation

Imprimerie A. Lefèvre, Bruxelles

Mlle

FIFI

Bruxelles

1882

www.ingramcontent.com/pod-product-compliance
Lightning Source LLC
Chambersburg PA
CBHW072029080426
42733CB00010B/1832